REISE DURCH

SCHLESIEN

KRAFT VERLAG WÜRZBURG

Schutzumschlag vorn:
St. Peter und Paul in Liegnitz (Ralf Freyer).
Schutzumschlag hinten:
Die Schneekoppe, höchster Gipfel des Riesengebirges (Pavel Vácha).
Vorsatz: Blick von der Schlingelbaude auf die Schneekoppe.
Seite 2/3: Das Breslauer Rathaus inmitten des Ringes
zählt zu den schönsten Bauwerken der
deutschen Gotik und Renaissance.
Seite 5: Laubengänge am Marktplatz zu Striegau.

Bildnachweis:
Farbabbildungen: Seite 6/7, 10/11, 14/15, 19, 22, 23, 26/27,
30/31, 34/35, 38/39, 39, 46, 47, 50/51,
54/55, 55, 66, 67, 70/71, 74/75, 75, 78/79: Markus Dworaczyk.
Seite 2/3, 42/43, 58/59, 62/63: Ralf Freyer.
Seite 22/23, 46/47: Udo Reuschling.
Seite 18: Pavel Vácha.

Schwarzweißabbildungen:
Seite 5, 8, 17, 24, 36/37, 41, 49, 53,
56: J.-G.-Herder-Institut, Marburg.
Vorsatz, Seite 29, 45: Bildarchiv Preußischer Kulturbesitz.
Seite 21, 72: Archiv der Stiftung Kulturwerk Schlesien, Würzburg.

Karte in Vor- und Nachsatz mit freundlicher Genehmigung
des Aufstieg-Verlags, Landshut.

Die Deutsche Bibliothek – CIP-Einheitsaufnahme

Reise durch Schlesien /
Markus Dworaczyk; Monika Taubitz. –
Würzburg : Kraft, 1993
ISBN 3-8083-2027-3
NE: Dworaczyk, Markus; Taubitz, Monika

INHALT

Breslau, Blick auf die Dominsel.
Seite 6/7: Düstere Wolkenstimmung über den »Blauen Bergen« des Riesengebirges.

8

SPUREN SUCHEN – WEGE FINDEN

STATIONEN EINES WIEDERSEHENS

In Breslau

Dreißig Jahre nach der Vertreibung meiner Familie aus Schlesien hatte ich als Rundfunkredakteur mehrmals das Glück, meine alte Heimat wiederzusehen. Zuerst 1972. In diesen frostigen Jahren des kalten Krieges benötigte man noch ein wohlbegründetes Visum, um in die sozialistische Volksrepublik Polen zu gelangen. Ich hatte gute Gründe zur Hand, denn ich besaß den Auftrag, vom Wiederaufbau in Schlesien zu berichten.

Lampenfieber? Man kann es so nennen. Wie würde man mich als Westdeutschen dort nach dem unerbittlichen Kriegsgeschehen empfangen? Schon der erste Gang vom neuerbauten Panorama-Hotel zur Dominsel in Breslau verursachte Herzklopfen. Ein deutscher Stadtplan zeigte mir den Weg zu meiner alten Schule, dem ehrwürdigen Heiligen-Geist-Gymnasium, direkt an der Oder und gegenüber der Dominsel gelegen. Den Kaiserin-Augustenplatz fand ich bald und erkannte die alte Breslauer Kunstschule, aber mein ehemaliges Gymnasium war vom Erdboden verschwunden. In dieser Gegend hatten während der Festungszeit schreckliche Kämpfe getobt. Heute führt eine Fahrstraße durch die einstigen Schulräume…

Doch die malerischen gotischen Türme des Domes spiegelten sich wie einst in den inzwischen grau gewordenen Fluten des Oderstromes, wenn auch die beiden Turmspitzen fehlten. Das Gebäude wirkte dadurch noch ernster und würdiger. Zum Glück war der sakrale Dreiklang des Domes, der schlanken Kreuzkirche und der behäbigen Sandkirche (Maria auf dem Sande) erhalten geblieben. Dieses Bild hatte sich in meiner Erinnerung eingeprägt. Die Konturen dieses Ensembles faszinierten mich wie in den Tagen meiner Schulzeit, als ich, aus dem Zeichensaal blickend, das berühmte Motiv mit dem Pinsel festzuhalten versuchte. Alles stimmte mit meiner Erinnerung überein. Vielleicht hatte Friedrich Bischoff doch die richtige Vision, wenn er in seiner »Schifferlegende« sagte:

»Es soll einmal sein, so in tausend Jahren,
Mir hat es ein alter Schäfer gesagt,
Da wird ein Schiffskahn die Oder befahren,
Vorüber dem Ort, wo heut Breslau ragt.
Der Schiffsmann wird tief zum Wasser sich
           neigen,
Das nie hier den Wald gespiegelt hat,
Dann wird er sagen, nach langem
           Schweigen:
»Hier stand einmal eine große Stadt!«[…]
Ach, laßt nur den Schiffsmann den Fluß be-
           fahren!
Ich meine sogar, es ist schon geschehn.
Ich selbst sah einen in schneeweißen Haa-
           ren
Vor dem Dom, vor dem heimlichen
           Throne stehn.
Mir war's, als wüchs er, den Erdball zu
           tragen,
Hinauf zu der Türme funkelndem Grat
Und ließ die Glocken es singen und sagen,
Daß er heimgekehrt aus Jahrtausendtagen
In den Himmel seiner schlesischen Stadt.«
           (gekürzt)

Könnte ich damit gemeint sein…? Nur keine Sentimentalitäten, neue Wege finden! Zunächst einmal den Weg zum ehemaligen Regierungsgebäude, ganz hier in der Nähe, in dem gleich morgen das erste Interview im dort untergebrachten »National Museum Wrocław« vorgesehen war. Neuorientierung war angesagt!

Zunächst erkundigte ich mich bei der polnischen Kustodin, die fließend deutsch sprach, nach dem Verbleib des berühmten Sarkophages von Herzog Heinrich IV. von Schlesien, der sich zur deutschen Zeit in der Kreuzkirche befand.

Kustodin: »Dieses Kunstwerk von europäischem Rang wurde am Ende des 2. Weltkrieges von den Deutschen fortgeschafft und in der Kirche Wierzbna bei Schweidnitz versteckt. Von polnischen Konservatoren wiedergefunden, wurde es danach ins Nationalmuseum gebracht, wo es seitdem zu einer Dauerausstellung gehört.«

9

Frage: »Herzog Heinrich IV. dürfte wohl besonders bekannt sein durch die eindrucksvolle Darstellung in der Manesse-Handschrift?«

Kustodin: »Sicher, aber ebenso wichtig sind die Auswirkungen seiner politischen Entscheidungen. Als Fürst von Schlesien, Krakau und Sandomiers versuchte er Schlesien und Kleinpolen unter seiner Führung zusammenzufassen. Sein Sarkophag hier verewigt jedenfalls den letzten schlesischen Herrscher, der diese Vereinigungsidee propagierte.«

Auf diese Gemeinsamkeiten unserer beiden Völker wollte ich hinaus, doch ich konnte mich einfach nicht auf dieses Gespräch konzentrieren. Mein Blick fiel immer wieder auf eine Biedermeier-Vitrine, die mir irgendwie bekannt vorkam. Meine Gedanken eilten zurück. Könnte dieses Möbel nicht in unserer alten Wohnung auf der Uferzeile 13 gestanden haben? Immer deutlicher kam mir die Funktion dieses Prunkstückes in unserem früheren Wohnzimmer zum Bewußtsein. Damals war es mit Gläsern, die die Mutter so gerne in Auktionen auftrieb, und mit Meißener Porzellan bestückt, fast ein Museumsstück. Gab es da nicht ein Geheimfach?

Eine Rückfrage im Vorzimmer bewirkte, daß meine Gesprächspartnerin enteilte und ich allein blieb: Zeit zum genauen Hinschauen. Ich stehe auf und befühle dieses Möbelstück. Die Einlegearbeiten kommen mir sehr bekannt vor, die beschädigte Elfenbeineinfassung des Schlüsselloches erkenne ich unschwer wieder, der Geheimschub des Barockaufsatzes läßt sich wie früher mühelos aufziehen. Hoffentlich bleibe ich noch eine Zeitlang allein. Ob die alten Familienpapiere dort noch lagern? Der Schub ist leer – Staub.

Bald kommt die Kustodin zurück. Sie will gleich in unserem Gespräch fortfahren, doch ich

Die katholische Pfarrkirche St. Hedwig in Grünberg wurde Ende des 13. Jahrhunderts errichtet und ist im Laufe ihrer Geschichte mehrmals, zuletzt 1679 als spätgotische Hallenkirche wiederaufgebaut worden. Der zentrale Turm, dessen Fassade in Kontrast zu den Backsteinmauern des Hauptgebäudes steht, stammt aus dem Jahr 1832.

kann meine Erregung über meinen »Fund« nicht verbergen. »Haben Sie sich diese Vitrine dort drüben schon mal näher angeschaut?« – »Eigentlich nicht!« »Aller Wahrscheinlichkeit nach stammt dieses Möbelstück aus meinem Elternhaus.« Ein etwas überraschter Blick, dann die Antwort: »Das ist gut möglich, denn dieser Schrank wurde meines Wissens auf einer Sammelstelle für historische Möbel auf dem Marktplatz gefunden und hierher gebracht. Hätten Sie einen Anhaltspunkt?« Mit sicherem Ruck ziehe ich den Geheimschub auf, den die Kustodin bisher nicht kannte. »Wissen Sie, wo Ihre Eltern diese Vitrine erworben haben?«, fragt die präzise Wissenschaftlerin weiter. »Sie stammt aus dem Hause meines Vaters in Einbeck.« Eine Karteikarte wird ergänzt, ein kleines Rätsel ist gelöst.

Mir ging dieses persönliche Erlebnis lange Zeit nicht aus dem Kopf. Ich fühlte mich danach immer wieder an meine Kinderzeit erinnert und sehe meine Mutter vor mir, wie sie bei besonders festlichen Anlässen vorsichtig die eine oder andere Tasse oder Vase dieser Vitrine entnimmt, um damit den Tisch festlich zu decken… Dieses greifbare Wiederaufleben meiner persönlichen Vergangenheit hat mich damals wie heute tief beeindruckt.

Auf vertrauten Spuren ging es anschließend kreuz und quer durch die Stadt, an der Oder entlang über die Kaiserbrücke zur einstigen Wohnung auf der Uferzeile 13 (Nähe Paßbrücke). Doch ausgerechnet dieses Haus war zerbombt worden. Dafür stieg ich dann die alten knarrenden Stufen zu unserer späteren Wohnung auf der nahegelegenen Parkstraße hoch, sogar die Klingel war dort noch vorhanden. Ich traute mich jedoch nicht zu läuten, ein polnisches Namensschild hielt mich davor zurück…

Das Grab meines Vaters auf dem Oswitzer Friedhof konnte ich nicht mehr finden, dafür fand ich aber am nächsten Tag die für mich offene Tür zum alten schlesischen Funkhaus hinter dem Südpark. Die polnischen Kollegen empfingen mich mit großer Freundlichkeit. Stolz zeigten sie mir den alten Sendesaal mit der berühmten Funkorgel, die gerade wieder instandgesetzt wurde.

Für die Weiterfahrt bekam ich eine polnische Kollegin zugeteilt, die dann stets eine wohlgefüllte Thermoskaffeekanne bei sich führte,

denn die Gastronomie jener Tage war abenteuerlich.

In Trebnitz

Ein Besuch im Kloster Trebnitz bei der »Schutzpatronin Schlesiens«, der Heiligen Hedwig, stand nun auf dem Programm. Diese außergewöhnliche Frau hatte es mir – obwohl protestantisch erzogen – schon als Kind angetan durch eine rührende Sage, die von ihr erzählt wurde. Davor muß gesagt werden, daß ihr Sohn, der berühmte Piastenherzog Heinrich II. bei der Schlacht auf der Wahlstatt bei Liegnitz, die er gemeinsam mit polnischen und deutschen Rittern gegen die Mongolen führte, am 9. April 1241 gefallen war. Nach dem Kampf soll Hedwig drei volle Tage und Nächte auf dem Schlachtfeld nach dem Leichnam ihres Sohnes Ausschau gehalten und diesen schließlich an der Mißbildung eines Fußes erkannt haben. Er hatte nämlich am linken Fuß sechs Zehen.

Die Polen verehren diese heilige Frau heute als »Jagwiga« mit ebenso großer Liebe, wie die früheren deutschen Bewohner des Landes es taten.

Auf dem Zobten

In eine ganz andere Welt, in die Vorgeschichte dieser Landschaft führte uns ein Abstecher zum Herzen und Wahrzeichen Schlesiens, dem Zobten. 718 Meter hoch ragt er aus der mittelschlesischen Ebene hervor. Aus der Zeit um 400 vor Christus stammen seine Ringwälle. Seinen Gipfel haben die Kelten, die Wandalen und Slawen früher als Kultplatz benutzt. Heute steht eine nüchterne Fernsehanlage auf seinem ehrwürdigen Gipfel. Carl von Holtei läßt seinen Gefühlen für diesen Götterberg freien Lauf:

> Ach Zutabarg! Du schiener blooer Hübel,
> Du bist urnär (wie) a Wächter uf em Turm,
> Du meldst uns iglich Gottes, iglich Uebel,
> Du meldst uns Raegen, Suuneschein und
>   Sturm.
> Wie ufte ha ich nich aus meinem Stübel
> Nach dir gelinzt und deiner Ohnefurm:

Denn warsche blau, do kunnt ma Raegen
        spieren
und warsche grau, do gingen wir spazieren.

Da stihst de noch uf deiner alen Stelle
Und sist uf de Verwirrung üm dich här!
's is viel passiert, du schlaescher Altgeselle,
Mitunter gings ooch bluttich zu und
        schwaer:
Bis uben nuff zu deiner Waldkapelle
Drung ju der Krig mit seinem Schiss-
        gewähr.
Du oder stihst a Hirte mid al Lammeln,
De Lammelwülkel tust de üm Dihch
        sammeln.
        (gekürzt)

Schon in meiner Schulzeit beschäftigte mich dieser geheimnisvolle Berg und seine Geschichte. Da er nur 30 Kilometer von Breslau entfernt liegt, diente er alljährlich als Ziel eines heißersehnten Schulausfluges. Von der Bahnstation Zobten aus ging es dann zu Fuß durch die endlos erscheinenden Wälder bis zur ersten Rast am »Peterstein«, auch »Jungfrau mit dem Fisch und dem Bär« genannt. Diese alten Kult- und Grenzsteine auf halber Höhe und ihre Sagen erregten meine Phantasie, besonders der fehlende Kopf der »Jungfrau«, die eigentlich als Sinnbild des Apostels Petrus gedeutet wird. Aber auch diese Deutung wird von den Altertumsforschern angezweifelt. Der Kopf der »Jungfrau« jedenfalls soll bei einem »Slawenaufstand« abgeschlagen worden sein und befindet sich heute wer weiß wo – vielleicht sogar im „Historischen Museum" in Breslau? Ich habe ihn jedenfalls dort im Jahr 1992 »wiederentdeckt« (polnische Forscher haben seine Zugehörigkeit zur Jungfrau auf dem Zobten vermutet). Doch auch als archäologischer Laie konnte ich mühelos feststellen, daß dieser romanische Kopf nicht zu der geheimnisvollen Granitgestalt gehören kann. Diese Zobten-Altertümer, Löwen, Bären oder Mönche, zu suchen und aufzufinden, lohnt sich allemal!

Der Rast bei der »Jungfrau ohne Kopf« folgte dann noch ein kurzer Aufstieg zum Gipfel des »Zobtenberges«. Dort stand früher eine feste Burg, heute finden wir an dieser Stelle eine kleine Kapelle, davor eine riesige Waldwiese, die zum Ausruhen einlädt.

Auch meine polnische Kollegin aus Breslau, die übrigens den Namen Jagwiga führte, hatte sich auf diese Gipfelrast eingestellt. Sie führte in ihrem Marschgepäck wieder die erwähnte Thermoskaffeekanne mit, deren Inhalt uns dort oben bestens mundete. Zum Dank mußte ich ihr dafür das Dialektgedicht von Holtei wiederholen und die Sage von der Jungfrau, dem Bär und dem Fisch erzählen:

»Reise auf den Zottenberg« (gemeint ist der Zobten).

»Man sagt nämlich, es habe eine auf dem Berge wohnende Fürstin (ob es Maria Vlastia, oder eine Schweidnische Herzogin gewesen, wird nicht gemeldet, thut auch eigentlich zu Sache nichts) einen zahm gemachten Bär, zu ihrem Vergnügen und Zeitvertreib unterhalten, und gantz frey herum gehen lassen. Nun wäre dieser Bär einsmahl kranck worden, und man hätte der Fürstin gerathen, sie sollte dem Patienten einen Hecht zu essen geben, so würde er davon wieder zu seiner Gesundheit gelangen. Die Fürstin hätte bald eine von ihren Mägden nach Zothen geschickt, die Artzney, nemlich den vorgeschlagenen Hecht, zu holen. Währender Zeit sey der Bär davon gelauffen, (vielleicht weil er wegen großer Hitze phantasiret) und hätte das Mägdgen mit dem Hechte am Wege vom Städtgen Zothen heraus angetroffen, und derselben, ohne weitere Umstände, statt des Fisches den Kopf abgebissen. Auf der Stelle hat man ihn denn angetroffen, (weil man ihn sobald er vermisset worden, nachgeeilet) und ihn zum Lohne einer so feinen That, erschlagen. Worauf zum ewigen Andencken dieser jämmerlichen Mordgeschichte, das Denckmahl, und zwar an der Stelle, wo die erzählte Sache geschehen, aufgerichtet worden wäre.«
        (Aus einer alten Chronik)

Seite 14/15: Blick auf den Untermarkt in Görlitz, das im Laufe der Geschichte mehrfach seine Landeszugehörigkeit wechselte und heute die Hauptstadt der Schlesischen Lausitz darstellt. Im Vordergrund steht der Neptunbrunnen, ein Kunstwerk aus der Zeit des Rokoko. Obwohl der Zweite Weltkrieg auch an Görlitz nicht spurlos vorüberging, konnte die Stadt einen großen Teil ihrer historischen Bausubstanz erhalten.

Im Haus Wiesenstein

Es gibt wohl keinen Schlesier, dem nicht beim Klang des Namens *Riesengebirge,* heute auch »Karkonosze« genannt, das Herz höher schlägt. Seit dem 16. Jahrhundert gilt eine Koppenbesteigung mit Beobachtung des Sonnenaufgangs als touristische Attraktion. Mit dieser Berglandschaft sind zwei Namen untrennbar verbunden: *Gerhart Hauptmann* und *Rübezahl.* In seinem Gedicht *Das Riesengebirge* zeichnet Hauptmann ein geradezu mystisch anmutendes Bild des heimatlichen Gebirgszuges:

> »Was groß und menschenfremd in dir,
> du Weltgebirge, lob' ich mir.
> Den Sturm, der deine Nacht durchbraust,
> darin der Urwelt Dämon haust.
> Dem bleibst du fremd, der dich nicht
> kennt...«

»Bin ich noch in meinem Haus?« lautet der Titel eines dokumentarischen Buches von Gerhart Pohl, in dem er »die letzten Tage Gerhart Hauptmanns« in seinem »Haus Wiesenstein« in Agnetendorf schildert. In diesem Refugium hatte der Dichter 45 Jahre residiert und viele seiner weltberühmten Werke geschaffen. Berühmte Gäste gingen dort aus und ein, und Hauptmann bezeichnete diese auf ihn zugeschnittene Bleibe als »die Schutzhülle seiner Seele«.

Auf meiner Spurensuche durch Schlesien wollte ich diesen »Wallfahrtsort« unbedingt kennenlernen. Agnetendorf stand deshalb rot unterstrichen auf meinem Reiseplan.

Nachdem wir uns die Laubengänge von Hirschberg und vor allem die bedeutende »Gnadenkirche« angesehen hatten, fuhren wir über Warmbrunn nach Agnetendorf. Wie mochte es jetzt dort aussehen, nachdem der Dichter im Jahr 1964 verstorben war? Ich wußte, daß der Leichnam Hauptmanns durch die Vermittlung des russischen Obersten Sokolo nach seiner Lieblings- und Ferieninsel Hiddensee überführt worden war. Auch das ganze Inventar dieses an Kunstschätzen so reichen Hauses wurde damals in einem Sonderzug nach Hiddensee gebracht. Man stelle sich vor: ein Sonderzug mitten durch das vom Krieg zertrümmerte Nachkriegsdeutschland!

Erhalten geblieben waren der schöne Aufgang zur Terrasse und der einstigen Bibliothek, der Hauseingang und vor allem die berühmte »Paradieshalle« mit den ebenso berühmten Fresken von Johannes Avenarius, die die bekanntesten Gestalten aus den Werken Hauptmanns darstellen. In diese Halle führte uns die äußerst aufgeschlossene Leiterin eines polnischen Kindererholungsheimes *Warszawianka,* das dort seit Kriegsende untergebracht war.

Zum Abschied sangen die anwesenden Kinder ein polnisches Volkslied für die Hörer des SDR. Zwei Welten überschnitten sich in diesem Moment.

Inzwischen ist viel Zeit vergangen. Nach den deutsch-polnischen Verträgen aus den Jahren 1990/91 soll das »Haus Wiesenstein« seiner einstigen Bestimmung dadurch wieder näher gebracht werden, daß dort eine Begegnungsstätte zur Erforschung des Werkes von Gerhart Hauptmann entstehen soll.

Auf der Schneekoppe

Eine weitere Reportagenfahrt brachte dann die folgenden Erlebnisse. Diesmal ging es allerdings nicht wie in meiner Jugendzeit zu Fuß, sondern »Im Sessellift zu Rübezahl«. Wenn sich auch das Landschaftsbild inzwischen geringfügig verändert hat – das Riesengebirge blieb vom Waldsterben nicht verschont – so findet sich doch der Besucher aus dem Westen schnell wieder zurecht. Fragt man heute einen Polen, der zum Beispiel aus dem Raum von Lemburg ins Riesengebirge verschlagen worden ist, nach dem schlesischen Berggeist, so wird man im allgemeinen die Antwort erhalten: »Natürlich kennen wir den bärenstarken Mann mit dem knorrigen Wurzelstock in der Faust und dem langen Rauschebart, nur heißt er bei uns ›Liczyzepa‹ oder – nach dem Gebirge hier – ›Karkonosz‹. Aber er spielt nicht mehr die Rolle wie zur deutschen Zeit.« Trotzdem ist er inzwischen so eine Art »Markenzeichen der Landschaft« geworden.

Im Regensommer 1980 wollte ich endlich wieder einmal auf die Schneekoppe (1603 Meter) steigen. Erwartungsvoll schwebte ich im Lift zu früher Stunde nach oben. Es regnete, und der trostlose graue Himmel ließ keinen Gedanken an Wetterbesserung aufkommen. Von den Halteseilen des Lifts tropfte es auf meine Regenhaut: Die Stimmung war äußerst gedämpft…

Die 600 Meter Höhenunterschied von der Talstation bei Krummhübel (Karpacz) bis zur kleinen Koppe (Mata Kopa) schafft heute der Lift in 20 Minuten. Die Technik bringt Zeitgewinn. Früher mußte man zwei Stunden anstrengender Fußwanderung für diese Strecke ansetzen. Durchgefroren marschierte ich im dichten Nebel den Fußweg von der Bergstation zum Schlesierhaus (Dom Slaski). Die altvertrauten Markierungsstangen wiesen mir den Weg. Alles war noch genau so, wie in meiner Erinnerung und wie ich es in einem Bericht vom Jahre 1898 gelesen hatte:

»Ein eisiger Wind strich vom Riesengrunde herauf, die Nebelmassen in phantastischen Spielen um die Koppe jagend. Wir flüchteten eilig in die Baude, in deren freundlichem Speisesaal wir bald bei lustigem Geigenklang und einer guten Flasche Wein die gehabten Mühen vergaßen.« Den Geigenklang ersetzte diesmal ein quäkendes Radio und fröhliches Sprachgewirr, die Flasche

Wein eine Tasse Tee. Doch die »gehabten Mühen« verblaßten dabei ebenfalls. Dicke Holzbohlen verschafften dem »freundlichen Speisesaale« eine gemütliche Atmosphäre, es herrschte reges Touristentreiben mit Selbstbedienung und Postkartenverkauf.

Auf zur Koppe! Bald blies mir der böhmische Wind in geradezu unverschämter Weise durch die Rippen. Nur mühsam erkannten wir den Zickzackweg zur Koppe, die Nebelfetzen jagten über »Steen und Knieholz«. Das Wetter wurde immer ungemütlicher, das Aufnahmegerät in meinen klammen Händen immer schwerer, die Sicht immer schlechter. Vom anfänglichen Schwung war bald nichts mehr zu spüren. Bei dem Wetter würde ich den Aufstieg zur Koppe heute nicht schaffen, vielleicht später einmal. Es blieb mir also nichts anderes übrig, als umzukehren.

Bald schaukelte ich auf regennassem Lift zurück ins Tal, aber meine Gedanken kreisten, im Rhythmus der Rollen, um Rübezahl.

Die Jahre gingen ins Land. In mir hatte sich schon lange die fixe Idee eingenistet, daß ich

St. Anna in Zobten bei Breslau.

In der Nähe von Krummhübel steht die norwegische Stabholzkirche Wang, die im Jahre 1841 von dem Dresdener Landschaftsmaler Johann Christian Claussen-Dahl im Auftrag Friedrich Wilhelms IV. ersteigert wurde.
Links: Blick auf die winterlich verschneite Schneekoppe, mit 1605 Metern der höchste Berg des Riesengebirges.

Rübezahl nur »auf der Koppe« begegnen könne. Obwohl Carl Hauptmann, der Bruder des berühmten Gerhart, in seinem einzigartigen Rübezahlbuch erklärt hatte »Richtig gesehen hat ihn keiner!« Aber wer weiß das wohl?

Deshalb konnte ich einen erneuten Besuch in seinem Reich gar nicht erwarten. Diese Fahrt, die ich mit meinem Verlegerfreund Wolfgang Weidlich unternahm, kam dann im Jahr 1992 zustande, nach der Wende also.

Die äußeren Umstände waren viel einfacher geworden. Kein Stau mehr an der Grenze, kein Visumzwang mit Wartezeiten bis zu einem halben Jahr, auch die Quartierverhältnisse hatten sich verbessert. Die Verpflegung war auf westlichem Niveau, und sogar bleifrei konnte man tanken! Der Zloty war (und ist) auf »Höhenflug«. Der heutige Westtourist lebt dadurch drüben äußerst preiswert.

Diesmal starteten wir von Hirschberg aus, wir wohnten dort in dem hervorragend geführten Orbishotel »Jelena Gora« mit bewachtem Parkplatz, ruhigen Zimmern, Swimming-pool, Telefon, Telefax und Television, alles, was ein Westler heute so braucht. Der Wettergott (Rübezahl?) meinte es gut mit uns an diesem Maientag: Sonnenschein und Fernsicht waren angesagt. Mit dem Auto ging es zur Talstation oberhalb von Krummhübel. Ein Reiseführer »Riesengebirge« von Martin Ullmann gibt zur Schneekoppe folgende Hinweise: »**Schneekoppe** / p. *Sniezka*. Vom Schlesierhaus / p. *Pod Śnieżka*, t. *Dom Slaski* führen zwei Wege auf die Schneekoppe, der Zickzackweg, der in 30–45 Minuten steil ansteigt und der Jubiläumsweg, der um den Nordwesthang langsam aufwärts führt und sich mit dem von den Grenzbauden kommenden Faltisweg vereint. Auf dem Zickzackweg sieht man in Riesen- und Melzergrund auf der böhmischen und schlesischen Seite hinab. Auf dem Jubiläumsweg sieht man in den Melzergrund und das Hischberger Tal. Bei starkem Wind und schlechtem Wetter empfiehlt sich der Jubiläumsweg.

Die Gipfelhöhe der Koppe ist 150 m breit und 60 m lang. Sie trägt heute nur noch die 1681 geweihte Laurentiuskapelle und die futuristische polnische Baude mit meteorologischer Station.

Die Höhe der Koppe wird mit 1605 m oder 1603 m angegeben, je nachdem ob man von der Nordseite oder vom Adriatischen Meer aus mißt. Den packendsten Blick bietet der Riesengrund mit seinem oberen Ende, dem Aupa-Kessel, in dem sich in der Eiszeit der größte Gletscher des Riesengebirges befand. Gegenüber steigt die mächtige Wand des Brunnberges / t. *Studnicní hora*, des zweithöchsten Berges des Riesengebirges (1554 m) an den Teufelsgrat, von dem sich nach links »Rübezahls Handschuh« mit den beiden Kletterrinnen ausbreitet. Oberhalb des Teufelsgärtchens, auf der anderen Seite des Teufelsgrates, der Woerlichgraben, hiervon rechts der Schneegraben und dann der Graben der Aupa.

Vom Riesengrund zur Koppe zieht sich der Kiesgraben. Nach Norden der Melzergrund mit der Kleinen Koppe, zwischen ihr und dem Koppenplan der Lomnitzgraben. Interessant der Blick auf das Kammplateau mit seiner vielfältigen Wiesen- und Knieholzflora; hier befindet sich das Quellgebiet der Riesengebirgsflüsse, insbesondere auch der Elbe. Nach Nordosten der Riesenkamm bis zu den Grenzbauden. Nach Süden der Rosenberg mit dem tschechischen Lift.

Bei schönem Wetter ist der Sonnenaufgang oder der Sonnenuntergang seit über 200 Jahren eine besondere Attraktion. Schon Goethe bestieg die Koppe, um den Sonnenaufgang zu genießen.«

Frohgemut schaukelten wir also mit dem bereits bekannten Lift erwartungsvoll nach oben. Nach kurzer Rast und bei guter Sicht stiegen wir dann den »Zickzackweg« zur Kuppe hoch. Ich mußte zwar mehrmals verschnaufen, schaffte aber den Aufstieg in 45 Minuten! Aus Prospekten wußte ich, daß sich auf dem Gipfel der Koppe baulich viel verändert hat. Vor allem das neue Rasthaus, »Fliegende Untertasse« von den Polen genannt, war aufsehenerregend. Dieser Zweckbau, über dessen »Schönheit« man streiten kann, interessierte mich sehr, denn es hieß dazu in einem Prospekt in deutscher Sprache: »Da die ausgedienten Gebäude der Herberge (von 1862) und der Wetterwarte (von 1900) ihrer Aufgabe nicht mehr gewachsen waren, entschloß man sich zu einer radikalen Lösung. Anstelle der alten Herberge wurde in den Jahren 1967 bis 1974 ein origineller Gebäudekomplex (Entwurf Dr. Ing. W. Lipinski aus Wrocław) errichtet. Er hat die Form von drei übereinanderliegenden Disken; in den zwei oberen wurde die neue Wetterstation, in

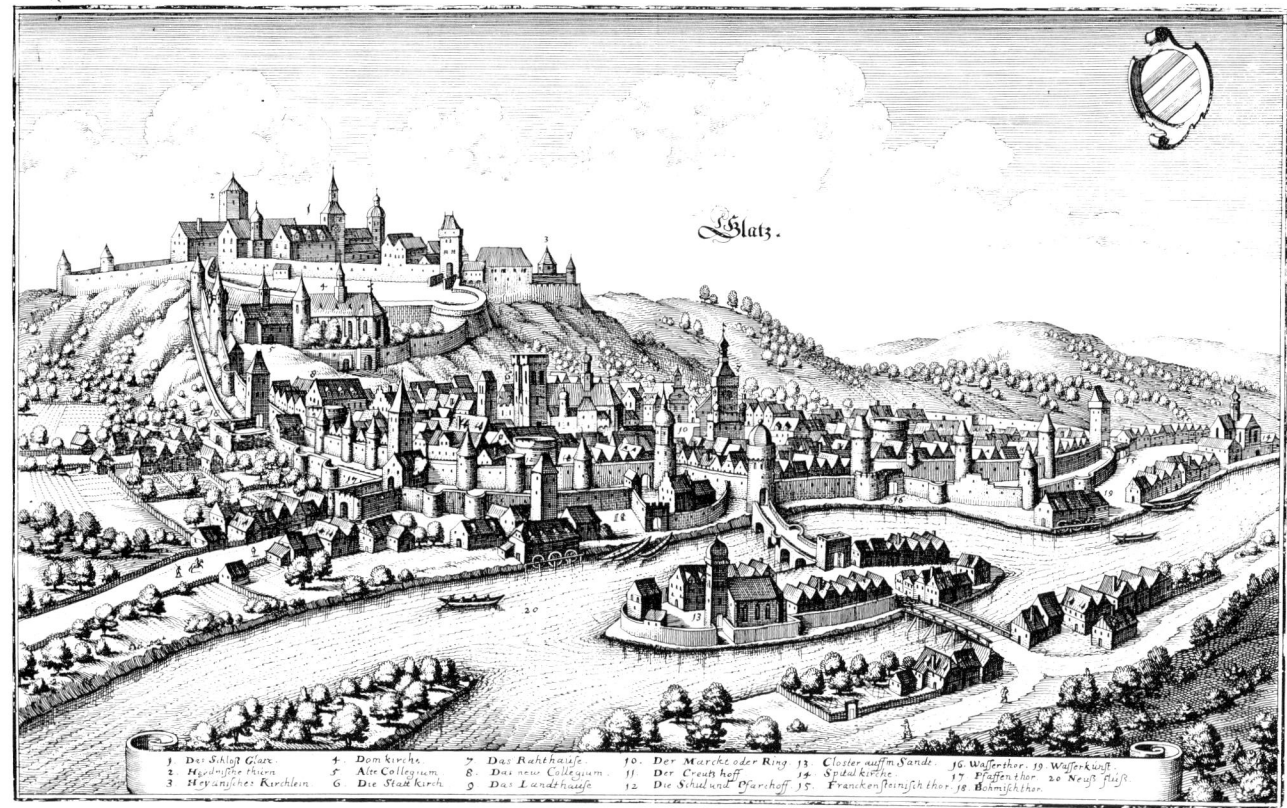

Glatz.

1. Der Schloß Glatz. 4. Dom kirche. 7. Das Rahthauße. 10. Der Marcke oder Ring 13 Closter auff'm Sande. 16. Wasserthor. 19. Wasserkunst.
2. Hauptstirthien. 5. Alt Collegium. 8. Das new Collegium. 11. Der Creutzhoff 14. Spitalkirche. 17. Pfaffenthor. 20. Neüst fluß.
3. Heyanisches Kirchlein. 6. Die Stadt kirch. 9. Das Landthauße. 12. Die Schul und Pfarrhoff 15. Franckensteinisch thor. 18. Böhmischthor.

dem unteren eine Gaststätte mit 140 Plätze eingerichtet.«

Auf, auf also, zu diesen drei Disken: Wir fanden dort trotz der vielen Besucher – meist waren fröhliche polnische Schulklassen unterwegs, die uns zum Teil sehr freundlich begrüßten – zwei dieser 140 Sitzplätze. Die Selbstbedienung funktionierte wie geschmiert, es gab Obstkuchen, Tee und eine herrliche Aussicht... nur leider nicht auf Rübezahl! Wo soll sich dieser urige Mann in diesem Getümmel hier auch verstecken oder gar aufhalten? Er gehört in die Stille und Abgeschiedenheit seiner Berge, die ihm ja noch genügend Platz lassen. Vielleicht ist er längst zu den Mittagssteinen oder zum Reifträger übersiedelt? Er kann sich ja »verwandeln auf viele Arten«.

Anschließend besuchte ich die alte Lorenzkapelle. Dicht gedrängt standen dort polnische Schüler vor einer Marienstatue und sangen voller Andacht ein frommes polnisches Lied, das mir zu Herzen ging und das Erinnerungen wachrief. Erinnerungen an den zwölfjährigen Pfadfinder Albrecht, der sich in den dreißiger Jahren während des alljährlichen Winterlagers von den Leischnerbauden aufsteigend im eisigen Schneesturm bis zur Koppe durchkämpfte. Dort, im höchsten preußischen Postamt wurden dann die elterlichen Freßpakete für die Silvesterfeier abgeholt. Verwehte Spuren... tiefsinnige Gedanken

kamen auf, die den Abstieg zur Bergstation begleiteten. Bald schaukelten wir auf diesmal trokkenem Lift ins Tal. Meine Gedanken kreisten wie dazumal, im Rhythmus der Rollen, um Rübezahl!

In Brückenberg vor der berühmten Stabholzkirche Wang, in der heute ein evangelischer polnischer Pfarrer mit dem Namen Edwin »Pech« residiert, fand ich in den vielen Souvenirläden nicht nur *einen* Rübezahl, sondern hunderte von Rübezahlfiguren aus Holz geschnitzt, in allen Größen und Preislagen ausliegend. Unzählige »Rübezähle« zum Anfassen und – zum Mitnehmen! Ich nahm einen mit. Er kostete umgerechnet nur zwei Mark. Seitdem steht dieser Bursche in meinem Haus auf der Schwäbischen Alb. Immer wenn ich an ihm vorbeikomme, beschleicht mich das Gefühl, als ob er mich aus- oder anlacht! Auslacht wegen meiner Bemühungen um seine Person: Denn er ist und bleibt ein geheimnisumwitterter Geist seiner Berge!

Viele Spuren, denen ich auf dieser Reise nachstellte, waren verweht, viele einprägsame Spuren fand ich deutlich erhalten. Neue Wege zeichnen sich ab, Wege, die erst durch die Einbeziehung von historischer Vergangenheit, gegenwärtiger Wirklichkeit und Weiterentwicklung von Gemeinsamkeiten entstehen können!

Albrecht Baehr

Vor dem Schildauer Tor in Hirschberg liegt die kunstgeschichtlich bedeutende, früher evangelische Gnadenkirche, 1709–1724 vom schwedischen Baumeister Martin Frantz aus Reval errichtet (oben). Bemerkenswert ist die Stellung der Orgel hinter dem Altar (rechts).

Das Kämmereigebäude und der Rathausturm zu Neiße.

SCHLESIEN

»EIN LAND ENTSTEIGT DER DÄMMERUNG«

ist der Titel eines Buches von Cosmus Flam. Es schildert eine frühe Epoche Schlesiens, in der Germanen und Slawen, deutsche und polnische Stämme, nebeneinander zu wohnen begannen. Als ich mir das Buch von mühsam erspartem Geld kaufte, war ich ein Kind, das gerade fließend lesen gelernt und vor kurzem eben diese Heimat mit Millionen anderen Schlesiern verloren hatte. Ich vergrub mich in das Werk mit dem mich faszinierenden Titel mehrmals, auch in späteren Jahren, las weitere Bücher und Beiträge zum Thema, besuchte Vorträge und Tagungen und hatte das Glück, Persönlichkeiten aus dem Kunst- und Geistesleben Schlesiens zu begegnen. Ich brachte ein, was mir selbst an Wissen und Erinnerung geblieben war, bereiste das Land meiner Kindheit, nachdem das wieder erlaubt war, befragte Verwandte und kenntnisreiche Freunde, genauso wie heute wieder erstaunlich viele Jugendliche und Menschen meiner Jahrgänge – der letzten Erlebnisgeneration also – verstärkt zu fragen beginnen.

EINE LANGE GESCHICHTE

Schlesien, das ist das Land zu beiden Seiten der Oder, im Südwesten abgeschlossen vom abwechslungsreichen Gebirgszug der Sudeten, im Norden den letzten Ausläufern der Norddeutschen Tiefebene geöffnet. Dazwischen liegt eine bunte Palette von Hügeln und Vorbergen, die in die welligen Weiten des Löß- und Schwarzerdegebiets übergeht. Östlich der Oder schwingt sie sich zum Schlesischen Landrücken auf und verliert sich jenseits davon, nahe der polnischen Grenze, in ein stilles Seen- und Waldgebiet. Im Südosten lagert der Oberschlesische Muschelkalkrücken und das an Bodenschätzen überreiche Industriegebiet. Im Nordwesten findet Schlesien über die Lausitz Anschluß an Sachsen und Brandenburg.

Auf halben Wege zwischen Ostsee und Adria wie auch zwischen Flandern und dem Schwarzen Meer – die Sudeten bildeten kein unüberwindliches Hindernis – war das Land sehr früh zum Angelpunkt zwischen Ost und West, Nord und Süd geworden. Bernsteinhändler zogen von der Samlandküste durch das Odertal und die Mährische Pforte südwärts, während die Kaufleute des Mittelalters ihre Waren auf der Hohen Straße von Leipzig über Breslau nach Krakau und Kiew brachten.

Seine Verkehrslage, die Fruchtbarkeit der Äcker, Bodenschätze und der Fleiß seiner Bewohner machten Schlesien zu einem reichen – und begehrten – Land, um das die Völker im Laufe seiner wechselvollen Geschichte häufig erbittert kämpften.

Zeugen menschlicher Spuren weisen weit in vorgeschichtliche Zeiten zurück. 4000 v. Chr., in der älteren und mittleren Steinzeit, durchstreiften Jägervölker das Gebiet. Funde schwarzbrauner Keramik, Schmuckstücke und Waffen aus der Bronze- und Eisenzeit weisen auf frühe Bewohner in bäuerlichen Siedlungen hin. Um 500 v. Chr. brachen die wilden Stämme der Skythen ein, verheerten das Vorgefundene und zogen weiter. Andere Stämme mit anderen Kulturen folgten ihnen. Um 400 v. Chr. begannen Germanen einzuwandern – Cimbern, Teutonen und Ambronen von Norden; aus dem Süden kamen die Kelten.

Ein Jahrhundert vor der Zeitenwende siedelte sich der ostgermanische wandalische Stamm der Silinger für ein halbes Jahrtausend an und gab dem Land seinen Namen: Schlesien. Diese Silinger erwiesen sich als gute Handwerker und trieben Handel mit den von Römern beherrschten Donauländern. Unter einem Königtum hatten sie eigene Gesetze entwickelt, welche die um 600 v. Chr. aus Ost und Süd eindringenden Slawen übernahmen und weiterführten. Während der Völkerwanderungszeit verblieb ein Teil der Silinger neben den Slawen in der Gegend um den Zobten und im großen Umkreis der später gegründeten Orte Breslau und Trebnitz ansässig; ein anderer wanderte in Richtung Süddeutschland und weiter westwärts ab.

Dem Gebirge vorgelagert, erhebt sich der sagenumwobene Zobten aus dem weiten mittel-

schlesischen Ackerland. Schon der altrömische Schriftsteller Tacitus nannte ihn den Siling, den heiligen Berg des wandalischen Stammes. Hier fand man »Dämonensteine«, Schlesiens älteste Skulpturenreste. Wenn sie auch aller Wahrscheinlichkeit nach nicht dieser frühen Epoche entstammen, gab es doch in der Nähe Funde fein granulierten Gold- und Silberschmucks als Zeugen silingischer Kunst.

Die eingeströmten Slawen entwickelten Adelsherrschaften und türmten ihre ersten Burgen in Glogau, Bunzlau, Liegnitz und Oppeln auf. Gegen Ende des 9. Jahrhunderts gewann Böhmen die Macht über das schlesische Kernland und christianisierte es. Fortan saßen also die Herrscher Schlesiens in Prag. Wratislaw I. gründete an einem günstigen Platz am Strom, wo Nebenflüsse und Oderarme schützende Inseln bildeten, die Festung Wratislawia, das spätere Breslau, als Bollwerk gegen den Nordosten. Dort einigte gerade Mieszko I., auch Dago genannt, der erste Piast, die slawischen Stämme zum polnischen Reich. Er drang zunächst bis zur Oder vor und dehnte später seine Herrschaft über Schlesien aus. Boleslaw Chrobry setzte das Werk seines Vaters fort. Mieszko war 966 Christ geworden und hatte sich dem Westen angeschlossen. Auf die Zeit um 1000 geht die Gründung des Bistums Breslau zurück. Bei Erbstreitigkeiten unter den Piasten vertrieb man Wladislaus II.; er begab sich unter den Schutz seines Lehnherrn, des deutschen Kaisers Friedrich I. Barbarossa, nach Thüringen. Dort wuchsen seine Söhne auf. Sie hatten eine deutsche Mutter und genossen westliche Bildung. 1163 kehrten sie als Herzöge von Schlesien und Oberschlesien nach Breslau und Ratibor zurück.

1329 erstmals belegt, ragt die mittelalterliche Burg Tzschocha auf einem Felsvorsprung über dem linken Queisufer im Kreis Lauban empor. Tzschocha ist eine der schönsten und besterhaltenen Burganlagen in ganz Schlesien. Hier residierten im 14. Jahrhundert die Herren Dohna, von 1703 bis zum Anfang unseres Jahrhunderts war die Burg Sitz der Nostiz.

SCHLESIEN ERHÄLT SEIN DEUTSCHES GESICHT

Während der folgenden zwei Jahrhunderte riefen die Werber schlesischer Piasten deutsche Siedler herbei: Bergleute und Handwerker, vorwiegend aus Franken, Thüringen, Westfalen und Flandern. 83 Städte, darunter Goldberg und Löwenberg, sowie 1715 Dörfer entstanden nach deutschem Recht. Das Kloster Leubus und andere bedeutende Klosterneugründungen brachten dem Land Kultur und halfen mit, es zu wirtschaftlicher Blüte zu führen.

Der Piast Heinrich I. vollzog die Lösung von Polen. Seine Gemahlin, Hedwig von Andechs und Meran, eine bayerische Prinzessin, gründete mit Zisterzienserinnen aus Bamberg 1202/03 in Trebnitz Schlesiens erstes Frauenkloster. Dort fand sie ihre letzte Ruhe. Als Hedwig 1267 heiliggesprochen wurde, hatte das Volk sie längst zur Patronin Schlesiens erwählt; sie ist es bis heute geblieben. Ruth Storm schildert in ihrem Roman »Tausend Jahre ein Tag« eindrucksvoll das Leben dieser Frau, ihrer Familie und ihres Landes. Hedwigs Sohn, Heinrich II., der Fromme genannt, sollte seine schwerste Bewährungsprobe zwar bestehen, jedoch mit dem Tode bezahlen. Ohne Hilfe des Stauferkaisers mußte er sich dem Schrecken des Mittelalters, dem aus dem Osten heranbrausenden Mongolensturm, entgegenwerfen mit seinem Heer aus deutschen und polnischen Rittern, aus herbeigeeilten Deutschordensrittern, aus Bürgern, Bürgerwehren, Bauern und Goldberger Bergknappen. Am 9. April 1241 entschied sich die abendländische Zukunft Europas durch die Schlacht in Wahlstatt bei Liegnitz. Danach zogen sich die Mongolen für immer in ihre östlichen Steppen zurück. Verstärkt wurden fortan neue Siedler angeworben.

Durch die Erbteilungen bildeten sich im Laufe der Zeit achtzehn Herzogtümer. Das führte zur politischen Schwächung des Landes und lockte erneut Böhmen und Polen auf den Plan. Ein Sohn Kaiser Heinrichs VII. gelangte als König Johann von Böhmen auf den Prager Thron, und die meisten der schlesischen Piastenherzöge huldigten ihm als ihrem Lehnsherrn.

Im Vertrag von Trentschin (1335) verzichtete König Kasimir von Polen »für ewige Zeiten« auf Schlesien, da er keine stichhaltigen Gründe für seine Ansprüche vorbringen konnte. Damit war die schlesische Grenze zu Polen festgelegt; sie galt ohne kriegerische Auseinandersetzungen bis ins 20. Jahrhundert als eine der ältesten und beständigsten in Europa.

Karl IV., böhmischer König und deutscher Kaiser, heiratete Anna von Schweidnitz. Schlesien gelangte an Böhmen und nahm an seinem Kultur- und Geistesleben regen Anteil. Die Renaissance fand hier einen fruchtbaren Boden und hinterließ eindrucksvolle Bauten. In Prag war die erste deutsche Universität gegründet worden; einige schlesische Humanisten gehörten zu ihren frühen Professoren.

Zur Zeit der Hochgotik entstanden eigenständige Werke sakraler und weltlicher Baukunst, glückliche Verbindungen aus norddeutscher Backstein- und süddeutscher Hausteingotik. Aus dem Häusermeer der Oderstadt ragte das Breslauer Rathaus heraus; doch auch Liegnitz, Schweidnitz und Neisse wiesen weithin gerühmte Bauten auf.

Unter Böhmens König Wenzel, der sich in den beginnenden Religionskämpfen nicht durchzusetzen vermochte, wüteten von 1420 bis 1434 die Hussiten, die weite Teile des blühenden Schlesiens verwüsteten.

Kaiser Sigismund, Nachfolger König Wenzels, hielt 1419 einen Reichstag mit glanzvollem Prunk in Breslau ab, und die Fürsten huldigten ihm. Unerkannt mischte er sich unters Volk. Was er da zu hören bekam, mag ihn nicht sonderlich beglückt haben. Denn im Schweidnitzer Keller, dem seit altersher bis in unsere Zeit berühmtesten und in allen Schichten beliebten Lokal im Breslauer Rathaus, soll er folgende Worte hinterlassen haben:

»Wenn mancher Mann wüßte,
wer mancher Mann wär'
tät' mancher Mann manchem Mann
manchmal mehr Ehr'.«

Nach Sigismund riß Georg von Podiebrad die Macht in Böhmen und in Schlesien an sich. 1469 wurde Matthias Corvinus von Ungarn König von Böhmen und Herr über Schlesien; von 1526 an gelangte das Land für zweihundert Jahre unter die Krone Habsburgs und wurde nun von Wien aus regiert.

Das Hauptportal des Piastenschlosses in Brieg.

UNTER HABSBURGS FITTICHEN

Vor dem Wüten des Dreißigjährigen Krieges (1618 bis 1648) blieb Breslau zwar bewahrt; das Land hatte jedoch schwer darunter zu leiden. Schwedische und kaiserliche Truppen besetzten und verheerten es, der »Schwarze Tod«, die Pest, verschonte auch Breslau nicht und geisterte durch die Städte, die verarmt, zerstört und entvölkert zurückblieben. In Glogau lebten noch 122 von ursprünglich 2500 Bürgern, Löwenberg mit 6500 Einwohnern zählte nur noch 40 Überlebende, das stattliche Schweidnitz meldete, von seinen 1300 Häusern stünden noch 118.

Während der Gegenreformation hatten etwa 200 000 Protestanten Schlesien verlassen; evangelische Schullehrer waren ausgewiesen worden. Nach dem Westfälischen Frieden blieben Breslau, Brieg, Oels und Liegnitz evangelisch. Drei Friedens- und sechs Gnadenkirchen für die Protestanten entstanden im Land. Das ärgste Grauen des Krieges war überwunden; überall wuchs aus der überstandenen Not neue Lebensbejahung, die im Barock ihre höchste Ausdrucksform fand.

Im österreichischen Schlesien wirkten italienische, böhmische und österreichische Baumeister; in ihrem Gefolge verschönerten zahllose Künstler die Kirchen und Klöster, Patrizierhäuser und Schlösser bis hin zu den kleinsten Dorfkirchen und Kapellen, von den herrschaftlichen Adelssitzen in Stadt und Land ganz zu schweigen. Zu den auserwählten Werken des Barocks zählen die neugegründete Jesuitenhochschule Leopoldina zu Breslau, die Klöster Leubus, Grüssau, Heinrichau, Kamenz und Wahlstatt.

Überall wuchs der Wohlstand, denn Schlesien stand wirtschaftlich wieder gut da. Ende des 15. Jahrhunderts nahm der Bergbau in Oberschlesien und in den Sudeten großen Aufschwung. Eisen- und Glashütten gaben den ärmeren Gebirgsbewohnern des Iser- und Riesengebirges, des Waldenburger und des Glatzer Berglands Arbeit, und durch die Leinenweberei verdienten in vorindustrieller Zeit viele Menschen ihr Brot. Schlesien gehörte nun zu den wohlhabenden Ländern, was beim Nachbarn nicht unbemerkt blieb.

Aus alten Erbrechten leitete 1740 Friedrich II. von Preußen seinen Anspruch auf Schlesien ab und führte drei blutige Kriege (1740 bis 1742, 1744/45, 1756 bis 1763) gegen Österreich unter Maria Theresia. Die Kaiserin beklagte den Verlust ihrer reichsten Provinz: »Den Garten hat man mir genommen; den Zaun hat er mir gelassen.« Der größte Teil Schlesiens war nun preußisch; lediglich die Gebiete um das Altvatergebirge und um Teschen (Ostschlesien) blieben bei Österreich. Friderizianische Festungen in Schweidnitz, Silberberg, Glatz und Cosel bewachten das schwer errungene Land.

Herberge auf dem Isergebirge, das mit seinen Hochmooren, Schluchten und bis auf 1127 Meter ansteigenden Höhenzügen zu den einsamen Gebirgslandschaften Schlesiens zählt. In früherer Zeit waren die Höhen dicht bewaldet, heute sind große Teile des Isergebirges kahl – ein Tribut, den die zunehmende Industrialisierung des Landes forderte.

UNTER PREUSSENS ZUCHT UND ORDNUNG

Der Alte Fritz kehrte zwar siegreich, doch müde, krank und gealtert nach Potsdam zurück. Dennoch stand seiner neuen Provinz beinahe ein halbes Jahrhundert des Aufbaus und Aufschwungs bevor. Er hob alle Beschränkungen, die Österreich den Protestanten auferlegt hatte, auf, und Schlesien konnte Glaubensvertriebene aus anderen deutschen Ländern und aus Böhmen aufnehmen. Gleichzeitig förderte er die Jesuiten; der Bildungsarbeit waren erneut die Tore geöffnet. Der Ansicht des Königs, jeder könne nach seiner eigenen Façon selig werden, war somit auch hier Genüge getan. In Oberschlesien wurde der Bergbau fortan intensiver betrieben: Hier stand der erste Koksofen, und die erste Dampfmaschine ersetzte Menschenkraft. Die Bauten des kühleren preußischen Klassizismus lösten nun die überbordende Baulust des Barock und des Rokoko ab. Der Überschwang war von der Ordnung ins Maß genommen worden. Wiederum entstand Schönes.

Auch unter Preußens Zucht und Ordnung gedieh das Geistesleben. In seiner Geburtsstadt Breslau wirkte Friedrich Schleiermacher, ein großer Religionsphilosoph. Im fernen Danzig schrieb ein untadeliger preußischer Beamter eines der schönsten deutschen Weihnachtsgedichte: »Markt und Straßen steh'n verlassen, still erleuchtet jedes Haus!« Es war Joseph Freiherr von Eichendorff aus Schlesien.

1806 verlor Preußen die Schlacht bei Jena und Auerstätt gegen Napoleon. Frankreichs Verbündete rückten in Schlesien ein. Die Festungen hielten zwar stand; doch Breslau mußte vor den bayerischen und württembergischen Truppen kapitulieren, die Napoleons jüngster Bruder Jérôme anführte. Immerhin verlor Schlesien keines seiner Gebiete. Nach dem Frieden von Tilsit (1807) kamen die Stein- und Hardenbergschen Reformen in Gang: Abschaffung der Guts- und Erbuntertänigkeit, Gewährung der Gewerbefreiheit, Selbstverwaltung der Städte. Schlesien erhielt zu seiner Verwaltung einen Oberpräsidenten. Von 1810 an setzte die Säkularisierung, das heißt die Enteignung kirchlicher Güter, ein: 74 Klöster und Stifte, 8 Malteserkommenden wurden aufgelöst, ihr Besitz fiel an den Staat.

Als König Wilhelm III. von Preußen mit seiner Gemahlin Luise in seinem Breslauer Schloß weilte, schloß er ein gegen Napoleon gerichtetes Bündnis mit Rußland. Hier stiftete er das »Eiserne Kreuz« für Tapferkeit vor dem Feind und erließ den berühmten »Aufruf an mein Volk«. Die Breslauer Universität wurde zur Keimzelle der Erhebung gegen den französischen Eroberer. Die zunächst erfolglos verlaufenden Befreiungskriege nahmen hier ihren Ausgang. Zum Gedächtnis daran erstand 1913, hundert Jahre später, der damals größte Kuppelbau der Welt: die Jahrhunderthalle. Generalfeldmarschall von Blücher befreite seine Heimat durch die siegreiche Schlacht an der Katzbach. Nun mußten die Besetzer das Land doch verlassen.

Beim Wiener Kongreß erhielt Schlesien durch Teile der Lausitz Landzuwachs. Es umfaßte nun eine Fläche von 40 000 Quadratkilometern und nahm die vertraute Form eines Eichenblattes an, in dem die Oder und ihre Nebenflüsse als lebensspendende Adern sichtbar wurden.

Preußen führte Wirtschaftsreformen durch; doch die Industrialisierung wurde vielen Menschen zum Verhängnis. So verursachte 1844 die Not der schlesischen Weber einen Aufstand. Revoltierende Gruppen stürmten und zertrümmerten Fabrikgebäude. Militär schritt ein und schlug den Aufruhr nieder. Gerhart Hauptmann, 1862 in Salzburg geboren, nicht weit vom Schauplatz der damaligen Ereignisse entfernt, schrieb das die Gesellschaft der Jahrhundertwende aufrüttelnde Drama »Die Weber«. Als 1847, einem Hungerjahr, die Not wuchs, bahnte sich auch in Schlesien die Revolution von 1848 an. 1850 erließ Preußen die neue Gemeindeordnung, führte das Dreiklassenwahlrecht ein; aber erst mehrere Jahre später gestand man den Provinzen und Kreisen die endgültige Selbstverwaltung zu.

1863 gründete der Breslauer Ferdinand Lassalle den »Allgemeinen Deutschen Arbeiterverein«. Er wünschte sich einen Sozialismus auf staatlicher Basis. Mit den radikalen Ideen des Klassenkämpfers Karl Marx war er nicht einverstanden und hatte sich deshalb von ihm getrennt. Zur modernen Wissenschaft und Technik trugen Schlesier seit jeher Wesentliches bei. In Berlin gründete der Breslauer August Borsig die erste Lokomotivfabrik. In der zweiten Hälfte des 19. Jahrhunderts wurden vier künftige Nobelpreisträger geboren: Paul Ehrlich aus Strehlen, Begründer der Chemotherapie; der Chemiker Fritz Haber, der Atomphysiker Max Born und Friedrich Bergius, dem die Benzinherstellung aus Kohle gelang, waren gebürtige Breslauer.

VON WELTKRIEG ZU WELKRIEG

Den verlorenen Ersten Weltkrieg (1914 bis 1918) bekam Schlesien hart zu spüren. Im Versailler Vertrag diktierten die Sieger ohne Volksbefragung die Abtretung des Hultschiner Ländchens, das die neugegründete Tschechoslowakei erhielt, sowie eines langen Grenzstreifens in Niederschlesien, der an Polen fiel; bedeutende Teile Oberschlesiens mit Mischbevölkerung wurden Polen ebenfalls zugeschlagen. In zwei blutig verlaufenden Aufständen versuchte Polen, die am 21. März 1921 bevorstehende Abstimmung über das endgültige Schicksal Oberschlesiens zu beeinflussen. Obwohl einige Kreise, in denen ausschließlich deutsch gesprochen wurde, überhaupt nicht mitstimmen durften, entfielen 60 von Hundert der Stimmen für den Verbleib bei Schlesien und damit beim Deutschen Reich. Trotzdem trennten die Siegermächte entgegen dem von ihnen verkündeten Selbstbestimmungsrecht das wirtschaftlich wertvollste Gebiet ab und übergaben es Polen. Damit gingen 74 von Hundert der Kohle-, 96 von Hundert der Eisenerz- und 82 von Hundert der Zinkförderung verloren. 15000 alliierte Soldaten – Franzosen, Engländer und Italiener – besetzten Oberschlesien und überwachten die Übergabe. Viele Menschen flohen aus ihrer angestammten Heimat über die neue Grenze.

Restoberschlesien begann in den ohnehin schweren Jahren der Nachkriegszeit und der Weltwirtschaftskrise, neue Industrieanlagen auszubauen. Die Abtrennung und die damit verbundenen Ungerechtigkeiten saßen wie ein Stachel im Fleisch und schufen mit an den Voraussetzungen, die der Nationalsozialismus für seinen Stimmenzuwachs brauchte. 1939 brach der Zweite Weltkrieg aus. Bei Gleiwitz marschierte die Heeresgruppe Süd der deutschen Wehrmacht über die Grenze nach Polen und machte auf ihre Weise die Teilung des Landes rückgängig. Vom Kriegsgeschehen selbst blieb Schlesien lange Zeit verschont. Bis Herbst 1944 galt es als »Luftschutzkeller« des Reiches, dem viele Werte anvertraut wurden: wertvolle Bibliotheksbestände, unersetzliche Kunstwerke, sogar wichtige Produktionsbetriebe wurden hierher verlegt. Ausgebombte und Evakuierte aus dem Rheinland, aus Mitteldeutschland und Berlin wurden aufgenommen. Breslau war zu dieser Zeit eine Millionenstadt; bescheidene Gebirgsdörfer bargen ungewohnte Reichtümer, die Verwandte und Freunde dort untergestellt hatten.

1945 wurde Schlesiens Schicksalsjahr. Noch zur Jahreswende war es nahezu unzerstört. Der militärische Zusammenbruch zeigte verheerende Folgen. Am 19. Februar fiel das große Industriegebiet in Oberschlesien in die Hände der Sowjets. Breslau, zur Festung erklärt, hielt unter entsetzlichen Opfern bis Kriegsende, ja sogar noch einige Tage darüber hinaus, stand. Hugo Hartungs Roman »Der Himmel war unten« erinnert daran. Anfang des Jahres überrollte die Rote Armee große Teile Niederschlesiens und verwüstete es. Unübersehbare Flüchtlingsströme hasteten dem Gebirge zu, das bis zur Kapitulation am 8. Mai 1945 in deutscher Hand blieb. Danach besetzten die Sowjets den Rest des geschundenen Landes und erfüllten es mit Angst. Die Schrekken des Dreißigjährigen Krieges waren wieder gegenwärtig. Andreas Gryphius hatte damals prophezeit:

> »Du siehst, wohin du siehst, nur Eitelkeit auf Erden.
> Was dieser heut baut, reißt jener morgen ein;
> Wo jetztund Städte stehn, wird eine Wiese sein,
> Auf der ein Schäferkind wird spielen mit den Herden.«

Seite 34/35: Blick über das Eulengebirge, Teil des Glatzer Gebirges zwischen Glatzer Neiße und oberer Weistritz, dessen höchste Erhebung die »Hohe Eule« mit 1014 Metern ist. Vom Aussichtsturm dieses Berges bietet sich ein großartiger Panoramablick über die Sudeten und, bei entsprechender Witterung, bis nach Breslau.

33

Auf der Postdamer Konferenz – vom 17. Juli bis 2. August 1945 – beschlossen die »großen Drei«, ihre im Februar auf Jalta getroffenen Vereinbarungen in die Tat umzusetzen. Die Gebiete östlich von Oder und Görlitzer Neiße wurden polnischer und sowjetischer Verwaltung unterstellt. Erst ein Friedensvertrag sollte die endgültige Grenzen regeln. Schon vorher übergab die Sowjetunion Schlesien und die anderen ostdeutschen Provinzen an Polen, das sogleich mit der systematischen Austreibung (von 10 Millionen Deutschen) begann und die von den Russen vertriebenen 1,7 Millionen Ostpolen dafür ansiedelte. Das nördliche Ostpreußen behielt die Sowjetunion selbst. Von den 4,6 Millionen Einwohnern Schlesiens bei Kriegsende – die Provinz umfaßte damals noch 36 000 Quadratkilometer – mußten 3,12 Millionen Menschen mit höchstens 20 Kilogramm Gepäck pro Person ihre Heimat verlassen. Etwa 400 000 von ihnen fielen Flucht, Vertreibung und Verschleppung zum Opfer; schätzungsweise eine Million Deutsche blieb – überwiegend in Oberschlesien – zurück, da man Fachkräfte brauchte; viele von ihnen bemühten sich jahrelang um Aussiedlung.

Noch bevor in dem nun hinter der Oder-Neiße-Linie liegenden Schlesien der mühsame Aufbau begann, kamen die »Steinmetze« und meißelten von Denkmälern und Grabsteinen die deutschen Namen weg. Straßen- und Ortsschilder und sonstige deutsche Beschriftungen, selbst in den Kirchen, ersetzte man durch polnische. Unter schwierigen wirtschaftlichen Bedingungen erstanden allmählich die bombardierten Städte wieder. In ländlichen Gegenden jedoch blieb vieles so, wie es der Krieg hinterlassen hatte. Häuser, die bei der Invasion unzerstört geblieben waren, standen lange ungenutzt und verfielen. Die Restaurierung historischer und künstlerisch wertvoller Bauten führte man jedoch trotz schlechter Wirtschaftslage voran und setzt sie auch heute fort.

Das Jahr 1945 bedeutete auch für Breslau eine Zeit der Zerstörung, Verwüstung und Opfer. Die heftigen Luftangriffe auf die Stadt im Frühjahr des Jahres hinterließen ein Trümmerfeld, aus dem die kuppellosen Turmstümpfe der ausgebrannten Domruine wie ein steinernes Mahnmal gegen Krieg und Zerstörung in den Himmel ragen.

36

An die Pestopfer des 30jährigen Krieges und an die
Gefallenen des 7jährigen Krieges erinnern die Schädel
im 1776 erbauten Beinhaus in Bad Kudowa. Das
bekannte Heilbad liegt 25 Kilometer westlich von Glatz
am Fuße des Heuscheuer-Gebirges, unmittelbar an der
tschechischen Grenze im sogenannten »Böhmischen
Winkel«.

Links: Bis zu 6000 Menschen faßte die evangelische
Friedenskirche zum Heiligen Geist in Jauer, 1654–1655
erbaut, mit ihrem 19 Meter hohen Mittelschiff, zwei
Seitenschiffen und vier Emporen.

EIN BLICK INS LAND

>»O Täler weit, o Höhen,
> O schöner grüner Wald,
> Du meiner Lust und Wehen
> Andächt'ger Aufenthalt!«

So stellt uns Joseph Freiherr von Eichendorff schlesisches Land vor. Der Dichter des deutschen Waldes erblickte 1788 auf Schloß Lubowitz das Licht der Welt. Kindheit und Jugend waren eingefangen in diesen märchenhaft undurchdringlichen Wäldern Oberschlesiens, deren »Traumgewalt« aus beinahe allen seinen Dichtungen zu uns spricht.

Auch in unserem Jahrhundert ist Oberschlesien zu weiten Teilen fruchtbares Acker- und urwüchsiges Waldland geblieben, das in seinem Norden und Westen nichts von Kohle- und Abraumhalden wußte und dennoch unterirdische Schätze birgt, die vorwiegend im Südosten ans Tageslicht befördert werden. Dort ballen sich seit der zweiten Hälfte des 18. Jahrhunderts riesige Bergbau- und Industriegebiete. Kohle und Erz, Silber, Blei, Zink und Eisen machten den Reichtum des Landes, zu einem Großteil den ganz Deutschlands aus, denn die Vorräte übertreffen bei weitem die des Ruhrgebietes.

Gleiwitz, Hindenburg, Beuthen, um nur die größten westoberschlesischen Industriestädte zu nennen, und die bereits nach dem Ersten Weltkrieg eingebüßten Großstädte Kattowitz und Königshütte bezeichnen auf der Karte einen dicht besiedelten Landstrich; seit 1866 versechsfachte sich Oberschlesiens Bevölkerung binnen eines Jahrhunderts. Zusätzlich entwickelten sich die chemische Industrie und der Maschinenbau. Kalk wurde abgebaut, und Zementwerke zogen in ihrem Umkreis eine weißliche Decke über Dächer, Wälder und Wiesen.

Auf den Höhen unweit der Mährischen Pforte entspringt die Oder und drängt ins Land. Der noch junge Strom zieht an der alten Piastenstadt Ratibor vorbei. Der Annaberg, Wallfahrtsort und Mahnmal, mit dem sich Oberschlesiens Grenzlandschicksal in Erinnerung bringt, liegt an seinem Wege. Von Cosel an nimmt der nun schiffbare Fluß schwere Kohleschlepper auf seinen Wellenrücken und trägt sie durch ausgedehnte Auen, Wälder und Äcker ostseewärts.

Bald nach der Brückenstadt Oppeln, dem Sitz der Verwaltung, verläßt er Oberschlesien. Doch heute ist die Oder in Schlesien ein toter Fluß inmitten sterbender Wälder.

Die ehrwürdigen Herzogsstädte Brieg und Ohlau sehen den Strom nach Breslau davonziehen, in die glanzvolle schlesische Metropole, die uralte Bischofs- und moderne Messestadt, seit altersher einer der wichtigsten östlichen Handelsplätze, welche die Türme ihrer vielen Kirchen und den des berühmten Rathauses, die prächtige Universität und eine Vielzahl stattlicher Bürgerhäuser, Brücken und Brückchen und die Schöne Madonna in St. Elisabeth zur Schau stellt. Breslau war schon verkehrsbedingt Hauptsammelplatz schlesischer Erzeugnisse, nämlich Wolle und Flachs, umgeben vom Überschußgebiet der Kornfelder: eine seit dem Mittelalter wohlhabende, weltoffene, gelehrte, kunstsinnige und experimentierfreudige Stadt.

In südwestlicher Richtung, aus dem zum Gebirge ansteigenden Hügelland in die Mittelschlesische Ebene hinaustretend, erhebt sich der mythenreiche Zobten, bäuerlicher Wetterprophet und blauer Zauberberg. Von seiner Höhe schweift der Blick ungehindert über Weizen-, Zuckerrüben- und Rapsfelder, unterbrochen nur von den Kirschbaumalleen, die von Dorf zu Dorf, von einem Gutshof zum nächsten Herrenhaus oder zu einem der behäbigen Bauernhöfe führen, deren Gebäude im Rechteck zueinander stehen. Im Herbst stieg der Rauch von den Kartoffeläckern und aus den Schloten der Zuckerfabriken in die kalte, vom Ostwind geklärte Luft auf. 40 Millionen Zentner Zuckerrüben erbrachte durchschnittlich ein Erntejahr, und 20000 Menschen fanden dadurch ihr Auskommen.

Bei Trachenberg und Militsch, nördlich von Breslau, ein gutes Stück über Trebnitz hinaus, verbirgt sich jenes verwunschene Seen- und Waldgebiet, aus dem die Schlesier ihre Weihnachtskarpfen bezogen. Am Mittellauf der Oder spiegelt sich im breit gewordenen, von Eichenwäldern umgebenen Strom Leubus, größte Klosteranlage des Ostens; mit einer Westfassade von 223 Metern Länge ist sie eines der imponierendsten Klöster Europas überhaupt. Im 12. Jahrhundert von den Zisterziensern gegründet und mehr als ein halbes Jahrtausend später zu einem Barockhimmel umgestaltet, galt es als Keimzelle schlesischer Kultur. Nicht weit davon entfernt liegt Liegnitz inmitten fruchtbaren Gartenlandes und hütet hinter mittelalterlichen Mauern seine Piastengrüfte.

Nach Leubus fließt die Oder in ruhigen Bogen durch die Schlesische Tieflandbucht, durch seine ernsten und etwas melancholischen Ebenen an Glogau und Neusalz vorbei, braune, von weißen Birkenstämmen aufgehellte Heiden zur Seite. Sie weicht den Grünberger Höhen aus, auf denen Europas nördlichste Weinberge einen sauren Tropfen für starke Naturen bereithielten, und verläßt Schlesien.

Folgen wir der Landesgrenze südwärts durch die Wallensteinstadt Sagan über das Braunkohlegebiet der Lausitz nach Görlitz, Renaissancestadt zu beiden Seiten der Neiße. Der nordwestlichste Teil Schlesiens kam 1945 zur damaligen DDR. Streifen wir wenigstens mit einem Blick in nord- und südwestlicher Richtung den Übergang von der Ebene in die Versammlung der Vorgebirge und einzelstehenden Berge, die der Landschaft ein lebhaftes und abwechslungsreiches Gepräge vermitteln. Dazwischen eingestreut: Bunzlau, die Stadt des »guten Tons« – ihre Töpferwaren werden noch heute im Westen hergestellt –, Lauban, Langenbielau und Landeshut, die ihre Erzeugnisse aus Leinen und Baumwolle weithin ausführten, die alte Tuchmacherstadt Löwenberg und schließlich Goldberg, wo man im Mittelalter

nach Gold grub und bis in die heutige Zeit Kupfer gewinnt, Striegau und Strehlen mit ihren Granitbrüchen, Schweidnitz, dessen Kirchturm alle anderen in Schlesien überragt, Waldenburg, Mittelpunkt des Steinkohlenreviers und Porzellanstadt. Frankenstein hat durch seinen »Schiefen Turm« Berühmtheit erlangt, Ottmachau erstreckt sich an Schlesiens größtem Stausee, und Neisse ist die Perle unter den Städten des Landes.

Eingebettet in einen Gebirgskessel an der von den Bergen sprudelnden Neiße und überragt von seiner stolzen Festung, breitet sich das tausendjährige Glatz aus. Habelschwerdt mit seinen mittelalterlichen Türmen liegt malerisch unter dem Floriansberg. In der Grafschaft Glatz befinden sich vier der elf schlesischen Heilbäder: Altheide, Landeck, Reinerz und Kudowa. Gerne suchte man hier Heilung aus den Mineral- und Schwefelquellen oder nahm einen dieser Orte zum Ausgangspunkt für ausgedehnte Wanderungen. Das liebliche Bergland umrahmen Reichensteiner und Eulengebirge, die Heuscheuer mit ihren Sandsteinungeheuern, das Habelschwerdter Gebirge und der 1425 Meter hoch aufragende Große Schneeberg:

»Und in dem Schneegebirge,
Da fließt ein Brünnlein kalt.
Und wer das Brünnlein trinket,
Wird jung und nimmer alt.«

Die Klosteranlage Leubus.

41

Anders das Waldenburger Bergland. Unter seinen waldreichen Kuppen vulkanischen Ursprungs liegen mächtige Bodenschätze. Deshalb konnte hier das Zentrum des niederschlesischen Erz- und Steinkohlenbergbaus wachsen.

> »Was groß und menschenfremd in dir,
> das, Weltgebirge, lob' ich mir.«

So sprach Gerhart Hauptmann das Riesengebirge an. Als höchstes deutsches Mittelgebirge – die Schneekoppe erreicht 1603 Meter – steigt es in seinen Kammlagen bis über die Baumgrenze empor. Es bildet die Wasserscheide zwischen Elbe und Oder; zugleich verläuft auf seinen Höhen die Grenze zu Böhmen. Auf beiden Seiten blies man wundervolle, kunstvoll geschliffene Kristallgläser; die Goldrubingläser aus der Josephinenhütte lassen noch in unseren Tagen Sammlerherzen höher schlagen. Von Waldwirtschaft und Fremdenverkehr lebten die Bewohner.

Mit seinen ungewöhnlich langen Abfahrten eignet sich das Riesengebirge ausgezeichnet für den Wintersport; von Berlin aus war es schnell zu erreichen. Selbst heute noch gilt es, wie das benachbarte Isergebirge, als herrliches Wandergebiet. Der Blick schweift von seinen freien Bergkoppen weit in schlesisches und böhmisches Land hinein, bleibt im tausend Meter tieferen Hirschberger Talkessel oder dem nähergelegenen Schreiberhau hängen, verweilt in den mächtigen Karen der Schneegruben oder versenkt sich in die tiefblauen Spiegel des Großen und Kleinen Teiches. Dichte Wälder wechseln mit Knieholz und Hochmooren, kahle, mit Flechten bewachsene Felsregionen mit Wiesen, die in alpiner Flora blühen. Hier also erstreckt sich das sagenumwobene Gebiet des »Herrn der Berge« Rübezahl, aber auch das vom Frühlicht verklärte Zauberreich eines Caspar David Friedrich.

Seite 42/43: Seite an Seite reihen sich die schmalen Giebel der alten Heringshäuser am Großen Ring in Liegnitz aneinander. Die Laubengänge im unteren Teil der Gebäude wurden erst nach dem Zweiten Weltkrieg entdeckt, freigelegt und restauriert.

SCHLESIENS MUSIKHIMMEL

Über das ganze Land spannte er sich und sparte selbst das kleinste Dorf nicht aus. Denn die sanges- und musizierfreudigen Schlesier ließen keine Gelegenheit aus, der Musik zu huldigen. In Liedern und Volksweisen klingen die Einflüsse Böhmens und Österreichs auf. Komponisten vom Range Mozarts oder Bachs hat Schlesien zwar nicht hervorgebracht; immerhin, die Vorfahren Georg Friedrich Händels, Franz Schuberts und Paul Hindemiths sind Schlesier.

Bei näherem Hinsehen entdeckt man die lange und reiche Musiktradition. Das Ende des 15. Jahrhunderts entstandene »Glogauer Liederbuch« ist die berühmteste handschriftliche Sammlung früher Vokal- und Instrumentalmusik. Benediktiner- und Augustinermönche hatten ihr Musikgut aus dem süd- und mitteldeutschen Raum nach Schlesien gebracht. Die Musikkultur entwickelte sich zunächst in den Klöstern. Eine der allerältesten Handschriften überhaupt ist jene aus dem Augustinerkloster Sagan aus dem Jahre 1420.

Zu den bedeutendsten Komponisten seiner Zeit zählt Thomas Stolzer (*1480) aus Schweidnitz. Er schuf Werke von europäischem Rang, hauptsächlich Kirchenmusik. Ihm verdanken wir die erste Vertonung eines von Luther übersetzten Psalms in der Landessprache. Als Hofkapellmeister König Ludwigs von Ungarn verunglückte er 1526 tödlich, wahrscheinlich auf der Flucht nach der verlorenen Schlacht gegen die Türken.

Das Original der berühmten Breslauer Orgeltabulatur von 1565 ist zwar verschollen, aber die vollständige Kopie des 200 Seiten starken Werkes befindet sich in Freiburg im Breisgau.

Johannes Nucius († 1620), Abt des Zisterzienserklosters Himmelwitz, vertonte Messen und Motetten, desgleichen Thomas Fritsch († 1619), Breslauer Chorherr im Konvent der Kreuzherren. Auch der Ratiborer Alberich Mazak, später Mönch in Heiligenkreuz bei Wien, der Oppelner Ludwig Poppe, Kreuzherr in Prag und Carl Friedrich Ritter, Augustinerchorherr in Sagan, schufen im 17. Jahrhundert bedeutende kirchenmusikalische Werke.

Gegen Ende des 18. Jahrhunderts blieb die Musik nicht mehr auf Kirchen und Adelshöfe

Glasschleifer im Glatzer Bergland.

beschränkt. Nun besuchte der Bürger öffentliche Konzerte und Opernaufführungen. Der spätere Thomaskantor und Begründer der Leipziger Gewandhauskonzerte, der Schlesier Johann Adam Hiller, führte in Breslau erstmals Händelsche Oratorien in Großbesetzung auf.

Im 19. Jahrhundert wirkte der Grottkauer Josef Elsner, als Chopins Lehrer bekannt, in Warschau und schrieb unter anderem Opern. Carl Maria von Weber kam als Kapellmeister ans Breslauer Theater; anschließend leitete er das Orchester in Carlsruhe in Oberschlesien. Im 19. und 20. Jahrhundert wurden die Komponisten

Karl Sczuka, Richard Wetz, Ernst August Völkel, Hermann Buchal, Fritz Lubrich, Alexander Ecklebe und Edmund Nick bekannt. Der Oberschlesier Gerhard Strecke hat die Musik mit in die Moderne begleitet.

Überall in Schlesien blühte das musikalische Leben. Herausragend war die Breslauer Oper, wo Furtwängler seine Laufbahn begonnen hatte. Eines guten Rufes erfreute sich auch die »Schlesische Philharmonie«, Beuthen, Kattowitz, Liegnitz, Waldenburg, Bunzlau, Neisse und Ratibor hielten sich eigene Orchester.

Die sagenumwobene Burg Kynast ist nunmehr eine Ruine auf dem 657 Meter hohen, dem Riesengebirge vorgelagerten Granitkegel südlich von Hirschberg. Theodor Körner und Friedrich Rückert verarbeiteten die Kynast-Legende von der schönen und stolzen Kunigunde, der Erbin des Burggrafen und dem Todesritt ihrer unglücklichen Freier in Balladen.
Links: Im oberen Teil des Dorfes Agnetendorf liegt das Haus Wiesenstein, in dem Gerhart Hauptmann von 1902 bis zu seinem Tode 1946 lebte. Es wurde von dem Berliner Architekten Hans Griesebach im Jugendstil erbaut und enthält im Inneren prachtvolle Fresken von Johann M. Avenarius, die nach den Werken Gerhart Hauptmanns insbesondere nach »Hanneles Himmelfahrt« gestaltet sind. Einst als Dramatiker des Naturalismus bekannt geworden, galt Hauptmann in der Zwischenkriegszeit als der wohl berühmteste Dichter deutscher Sprache und ist darüber hinaus zum Symbol des schlesischen Menschen geworden. Sein Grab befindet sich auf Hiddensee in Vorpommern.

KUNSTLANDSCHAFT HOHEN RANGES

Der letzte Landeskonservator Schlesiens, Günther Grundmann, hat Schlesien eine Kunstlandschaft hohen Ranges genannt. Vom Mittelalter bis zur Moderne entwickelte sich hier eine rege Bautätigkeit, in den Städten wie auf dem Lande. Romanik, Gotik, Renaissance, Barock, Rokoko und Klassizismus hinterließen uns wertvolle Zeugnisse profaner und kirchlicher Kunst.

Michael Willmann (*1630 Königsberg) kam nach seinen Lehrjahren in den Niederlanden als Meister der Barockmalerei nach Schlesien. Seine Werke sind in den Klöstern Leubus, Kamenz, Heinrichau und in der Grüssauer Josephskirche zu bewundern. Nahe seinen herrlichen Darstellungen in Leubus, die seine Schöpfungen krönen, starb er 1706.

In preußischer Zeit fanden die Stilformen von Rokoko, Romantik und Klassizismus Eingang. Den jungen Architekten Carl Gotthard Langhans (*1733 Landeshut) entdeckte der Fürst von Hatzfeld und vertraute ihm den Anbau eines Traktes am Schloß Trachenberg an. Schließlich erhielt er den Auftrag, das bei der Belagerung der Stadt zerstörte Palais Hatzfeld in Breslau im »griechischen Stil« wieder aufzubauen. Langhans errichtete einige evangelische Kirchen, so in Waldenburg und Reichenbach. 1788 berief man ihn als Baudirektor nach Berlin; das Brandenburger Tor ist dort sein bekanntestes Bauwerk.

Zu den bedeutendsten Malern des 19. Jahrhunderts zählt Adolph von Menzel (*1815 Breslau). Wer seinen Namen hört, verbindet ihn mit seinem berühmten Gemälde »Das Flötenkonzert Friedrichs II. in Sanssouci«, mit dem fünfzig Jahre später entstandenen »Eisenwalzwerk in Königshütte« oder gar mit dem rührenden Bildnis seiner wartenden Schwester, die, durch die halbgeöffnete Tür spähend, nach ihm Ausschau hält. Menzel schuf 700 Gemälde, dazu Zeichnungen, außerdem zahlreiche Buchillustrationen, insgesamt etwa 4000 Blätter.

Zweckbauten des 20. Jahrhunderts, wovon nur die Breslauer Jahrhunderthalle von Berg erwähnt sei, bewiesen den Aufbruch in die Moderne. An der in den zwanziger Jahren errichteten Breslauer Kunstakademie wirkten weiterhin anerkannte Bildhauer, Maler, Graphiker und Architekten, so der expressionistische Maler und Graphiker Otto Müller mit seinen Zigeunerbildern, der Spätimpressionist Oskar Moll, der Nichtschlesier Oskar Schlemmer, Georg Muche, Johannes Molzahn, Karl Mense, der Zeichner Paul Holz, der Bildhauer Karl Bednorz. Ludwig Meidner, nach seiner Emigration wieder in Deutschland, hatte hier studiert. Auch die berühmten Architekten Scharoun und Poelzig lehrten an der Breslauer Kunstakademie, aus der viele Künstler hervorgegangen sind.

LAND DER 666 DICHTER

Lange bevor sich die heute lebenden zahlreichen Schriftsteller zur Worte meldeten, bezeichnete Detlef von Liliencron Schlesien als das Land der 666 Dichter. In der Heidelberger Liederhandschrift finden wir den Piastenherzog Heinrich IV. unter den Minnesängern des Mittelalters. Im 16. Jahrhundert übten die Schriften des Görlitzer Schuhmachers und Mystikers Jakob Böhme ihre bleibende Wirkung über seine eigene und Goethes Zeit hinaus bis zu den Gottsuchern und den Philosophen unserer Tage.

Mitten im Elend des Dreißigjährigen Krieges erhob Martin Opitz aus Bunzlau, der 1639 selbst ein Opfer der Pest werden sollte, seine Stimme und verhalf der deutschen Sprache und Poesie zur Geltung, indem er die Erste Schlesische Dichterschule gründete; ihre Wirkung strahlte auf ganz Deutschland aus. Neben Andreas Gryphius gehörte ihr auch Friedrich von Logau an. Von ihm, der Mißstände und Niedergang der Kultur seiner Zeit in Epigrammen anprangerte, stammt das Gedicht zur Jahreswende:

»Abermals ein neues Jahr!
Immer noch die alte Not!
O, das alte kommt von uns,
Und das neue kommt von Gott.«

Opitz hatte mit seiner Schrift: »Von der deutschen Poeterey« einen kräftigen Auftakt für die Dichtung in deutscher Sprache gegeben, den man weithin hörte. Zur Zweiten Schlesischen Dichterschule zählten der Breslauer Ratsherr und Gelehrte Christian Hofmann von Hofmannswaldau und Daniel Casper von Lohenstein. In der Nachfolge Jakob Böhmes schrieb

Die Industriestadt Beuthen in Oberschlesien.

der Breslauer Arzt, Schriftsteller und spätere Priester Johannes Scheffler, Angelus Silesius genannt, im »Cherubinischen Wandersmann«:

> »Mensch, werde wesentlich!
> Denn wenn die Welt vergeht,
> so fällt der Zufall weg.
> Das Wesen, das besteht!«

»Erhebet, lobt und liebt den Baum, der Euch den Schatten gibt«, beginnt eines der Gedichte, die der Striegauer Johann Christian Günther während seines nur knapp drei Jahrzehnte dauernden Lebens schrieb.

Als Hauptvertreter der Aufklärung lehrte der in Breslau geborene Philosoph Christian Wolff in der ersten Hälfte des 18. Jahrhunderts in Halle. Etwa hundert Jahre später fand sein Breslauer Landsmann und Religionsphilosoph der Romantik Friedrich Schleiermacher eine große Zuhörerschaft.

Joseph von Eichendorff, bedeutendster Dichter der Spätromantik († 1857), schrieb Gedichte, die alle Zeitströmungen überdauerten und noch heute, in die Weltsprachen übersetzt, zu lesen sind; seit Robert Schumann und Franz Schubert werden viele vertont. Mit Eichendorffs Sehnsüchten und Wünschen, die in seiner Novelle »Aus dem Leben eines Taugenichts« Gestalt gewinnen, kann sich jede Generation aufs neue

identifizieren. Zeitgenosse, aus Obernigk bei Breslau, war Karl von Holtei, Rezitator, Theatermann und Verfasser von Bühnenstücken. Seine Gedichte in schlesischer Mundart fanden bei Goethe Anklang und machten die Dialektdichtung hoffähig. Holteis Vorbild ermunterte Johann Peter Hebel. Zu einem der meistzitierten Aussprüche der Schlesier gehört Holteis: »Suste nischt ack heem!«

Aus dem oberschlesischen Kreuzburg stammt Gustav Freytag (*1816, † 1895 Wiesbaden), Dozent für Literatur. Als Schriftsteller des deutschen Realismus schildert er in seinem in Breslau spielenden Kaufmannsroman »Soll und Haben« das Bürgertum des 19. Jahrhunderts.

Im Schatten seines berühmten Bruders stand Carl Hauptmann (*1858), Dichter des Expressionismus. Gerhart war vier Jahre jünger und wurde Hauptvertreter des Naturalismus. Außer großen Dramen, mit denen er Triumphe feierte, schrieb er Romane, Erzählungen und Lyrik. 1912 erhielt er den Nobelpreis für Literatur. »Die Weber«, »Der Biberpelz«, »Rose Bernd« und »Die Ratten« wurden verfilmt und stehen auch auf heutigen Spielplänen deutschsprachiger Bühnen. Bevor Gerhart Hauptmann 1946 in seinem Haus Wiesenstein bei Agnetendorf im Riesengebirge starb, stellte er die alle Schlesier bewegende letzte Frage: »Bin ich noch in meinem Hause?«

Zu Hauptmanns Freunden zählte Hermann Stehr (*1864 Habelschwerdt, † 1940 Oberschreiberhau); er stand der Mystik nahe und schilderte den Gottsucher und leidenden Menschen in Romanen und Erzählungen wie »Der begrabene Gott«, »Droben Gnade, drunten Recht«, »Der Heiligenhof«, »Leonore Griebel« und »Drei Nächte«. Georg Heyms visionäres Gedicht »Der Krieg«, Klabunds «Harfenjule« und Kurt Heynickes Gedichtsammlung »Alle Finsternisse sind schlafendes Licht« verraten uns ihre Zugehörigkeit zum Expressionismus. »Denn die Heimat bleibt besteh'n in dem Lied verstoß'ner Söhne« schrieb in seinem Londoner Exil der jüdische Expressionist Max Hermann-Neisse († 1941), der den Namen seiner Vaterstadt dem eigenen hinzufügte. Edith Stein und Jochen Klepper überlebten jedoch das Chaos nicht.

Andere schlesische Autoren schrieben, nach dem Verlust ihrer Heimat in alle Winde zerstreut, weiter: August Scholtis, Horst Lange, Max Tau, Walter Meckauer, Paul Mühsam, Ruth Hoffmann, Günter Eich, Kurt Heynicke, Friedrich Bischoff, Josef Wittig, Hans Niekrawietz, Willibald Köhler, Arnold Ulitz, um nur einige zu nennen. Ihnen gesellt sich eine lange Reihe lebender Autoren bei.

Die vielen lebenden Künstler, denen diese kurze Übersicht ohnehin nicht gerecht werden könnte, bleiben deshalb unerwähnt. In den Bereichen der Malerei, Bildenden Kunst, Musik, Literatur und Geisteswissenschaften ist die Brücke nicht unterbrochen worden, die ihren großen Bogen vom Mittelalter bis ins kommende Jahrtausend schlägt.

Wider alle Prophezeiungen vermag sich das schlesische Kunst- und Geistesleben auch nach der erzwungenen Trennung vom Boden, aus dem es erwachsen ist, überaus reich zu entfalten.

Im Kreis Waldenburg über dem Fürstensteiner Grund liegt Schlesiens größte Schloßanlage. Der heutige Bau des Schlosses Fürstenstein wurde 1772–1774 als Barockbau mit 400 Zimmern errichtet. Nahezu 500 Jahre Bautätigkeit zeigen sich an dieser Anlage. Der im Zentrum des Komplexes hoch aufragende Bergfried stammt als einer der älteren Bauten aus dem 16. Jahrhundert.

SCHLESIEN LEBT

Die Lage Schlesiens zwischen Ost und West, Nord und Süd, die Vielfalt seiner Landschaften, seine wechselvolle Geschichte und die Herkunft aus verschiedenen Stämmen haben seine Menschen geprägt. Hermann Stehr schreibt, »daß in der Brust des Schlesiers neben inbrünstiger Verwandlungs- und Neuerungssucht eine Schollenliebe bestehen kann, die jenen oft wie Komik berührt, der den › Usinger ‹ in der weiten Welt von seiner › Heemte ‹ reden hört.« Das hört sich heute, fast ein halbes Jahrhundert später, noch genauso an. Werde nur einer Zeuge, wenn zwei bis dahin unbekannte Schlesier einander begegnen.

Die vielen Sagen von Rübezahl, dem mächtigen Berggeist und Herrn des Riesengebirges, leben weiter, und so mancher Spuk und Aberglaube wurzelt hartnäckig im neuen Boden: Beim Essen Salz zu verstreuen bringe Tränen, Streit oder beides; Träume, während der ersten Nacht in einem fremden Haus geträumt, würden wahr. Koch- und Backrezepte tauscht man aus und vererbt sie weiter. Mohnklöße oder Weihnachtskarpfen mit Rosinentunke oder gar »Schlesisches Himmelreich« – Räucherfleisch, Klöße und Dörrobstgemüse mit allerlei geheimnisvollen Zutaten gewürzt – sind nicht jedermanns Geschmack, aber Mohn- und Streuselkuchen haben die meisten Backbleche erobert. In welcher Metzgerei fehlt heute noch die deftige Knoblauchwurst? Schlesische Spezialitäten für den »süßen Zahn« wie Neisser Konfekt, Patschkauer Dohlen, Liegnitzer Bomben, Jauersche Bienenkörbe kennen nur noch Eingeweihte, doch der nach Kräutern duftende »Stonsdorfer« und der rubinrote Brombeerlikör, die »Kroatzbeere«, stehen in allen Regalen unserer Einkaufsmärkte.

Schlesische Sprichwörter spiegeln die Fähigkeit des Volkes wider, seine nüchterne Betrachtung der Umwelt und der damit verbundenen Erfahrung auf einen Nenner zu bringen: »Will Gott die kleinen Leute strafen, nimmt er den Großen den Verstand!« ist nur ein Beispiel dafür.

Da und dort halten sich die alten Bräuche, oder sie werden bewußt gepflegt: das Sommersingen an Lätare zum Auszug des Winters, im Herbst die Kirmes als Erntedankfest und die Kolende, das Dreikönigssingen, um nur wenige zu nennen. Um die Weihnachtszeit mischten sich hier wie andernorts christliche Elemente mit heidnischem Brauchtum. In den »Zwölf Heiligen Nächten« konnten die Tiere sprechen. Der Bauer ging in den Stall und verkündete ihnen Christi Geburt. Dazu gab es eine Futterzulage.

In den schlesischen Wallfahrtsorten, in Wartha, Albendorf, Maria Schnee oder auf dem oberschlesischen Annaberg konnte man einst neben dem Ausdruck tiefer Gläubigkeit auch die vielfältigen Trachten des Landes bewundern. Heute noch verstehen sich die vertriebenen Schlesier auf die Kunst ihrer Herstellung.

Am weitesten verbreitet sind die schlesischen Volksweisen, darunter die schlichten und zu Herzen gehenden Hirtenlieder der Weihnachtszeit. Auch das »Transeamus« des Ignaz Schnabel gehört inzwischen zum festen Bestandteil vieler Kirchengemeinden. Seit Jahrhunderten pflegte man geistliche Volksschauspiele in den verschiedenen Mundarten Schlesiens:

> »O Freede über Freede! Ihr Nuppern
> kummt un hiert,
> Woas mir durt uf der Hede für Wunderding
> poassiert.
> Es koam a weeßer Engel bei hucher Mitter-
> nacht,
> Dar sung mer a Gesängel, doaß mir doas
> Herze lacht.«

In den Wesenszügen des Schlesiers finden wir das Weltoffene, kräftig Zupackende, Nüchterne, aber auch das Bescheidene, ja Karge, ebenso wie Innerlichkeit. Gelegentliche Melancholie und Hintersinnigkeit treiben ihn zum Spintisieren in den stillsten Winkel seines Hauses. Die in Schlesien zahllosen Anlässe zu Festen und Feiern, seine Geselligkeit, sein Erzähltalent und seine Mitteilungslust holen ihn jedoch rasch wieder hinter dem Ofen hervor und wecken seinen hintergründigen Humor. Dann kann er ausgelassen und großzügig »alle Funfe grade sein lassen«, bis er getreu und zuverlässig zu seinen Pflichten zurückkehrt.

Ausdauernd ist er, und sein beinahe kindlich zu nennender Glaube bestärkt ihn im Erdulden von Schicksalsschlägen. Friedfertig und ohne Rachgelüste hat er nach der Kriegs- und Vertreibungskatastrophe in der Fremde zugepackt und am Wiederaufbau Deutschlands mitgewirkt.

Bunzlauer Keramik auf dem Breslauer Töpfermarkt.

Aus dem Jahre 1856 stammt der Bau des Rathauses in Waldenburg, dem Mittelpunkt einer blühenden Industrielandschaft mit Leineweberei, Porzellanherstellung und Steinkohleabbau.

Links: Die Wallfahrtskirche in Albendorf im Kreis Glatz wird auch das »Schlesische Jerusalem« genannt und ist einer der berühmtesten Wallfahrtsorte Schlesiens. Die geschichtliche Bedeutung rührt aus dem Gedanken des Daniel Paschasius von Osterberg, der unter dem Eindruck zweier Reisen in das Heilige Land hier ein »Jerusalem in deutschen Landen« errichten wollte. Die Basilika Maria Heimsuchung wurde von 1715 – 1730 durch den Grafen Anton von Götzen errichtet.

Blick auf den Kleinen Ring in Liegnitz.

DIE GESCHICHTE SCHLESIENS IM ÜBERBLICK

4000–2000 v.Chr. Mittel-/Jungsteinzeit. Vorwiegend bäuerliche Besiedlung im südlichen und mittleren Schlesien. Zunächst bandkeramische und Trichterbecher-Kulturen. Aus dem ausklingenden Neolithikum sind Hügelgräber bekannt.

1500–500 v.Chr. Bronze setzt sich allmählich als Gebrauchsmaterial für Werkzeuge und Schmuck durch. Feuerbestattungen markieren neue Kultureinflüsse. Zu Beginn der Eisenzeit entwickelt sich die Hallstatt-Kultur und deren Sonderform, die »Lausitzer Kultur«.

Um 500 v.Chr. Skythen fallen in Schlesien ein und zerstören zahlreiche Siedlungen. Sie ziehen jedoch weiter, ohne sich niederzulassen.

400 v.Chr. bis 600 n.Chr. Zeit der germanischen Besiedlung Schlesiens: Zunächst wandern Kelten von Süden her ein. Ab 100 v.Chr. drängen Vandalen in schlesisches Gebiet: Der Stamm der Silinger besiedelt Mittelschlesien und errichtet eine Königsherrschaft. Aus dieser Zeit sind bereits Handelsbeziehungen zu den römischen Donauländern verbürgt.

600–800 n.Chr. Slawen sickern in Schlesien ein; erste Strukturierung des Gebiets in Gaue.

894–921 n.Chr. Regierungszeit des böhmischen Herzogs Wratislaus I. Zum Schutz seines Herrschaftsbereichs gegen die benachbarten Polen errichtet er die Festung Wratislawia, das spätere Breslau.

935–972 n.Chr. Boleslaus von Böhmen gründet Boleslawia (Bunzlau). Von Prag aus beginnen erste Christianisierungsbestrebungen.

Um 960 n.Chr. Ein polnisches Staatsgebilde zeichnet sich ab. Mieszko I., der erste Piastenfürst, dehnt seinen Herrschaftsbereich nach Mittel- und Niederschlesien aus. Sein Nachfolger Boleslaus I. (992–1025) kann den Einflußbereich der polnischen Piasten nochmals erweitern und gründet das Polnische Reich.

1000 n.Chr. Kaiser Otto III. gründet das Erzbistum Gnesen.

1025 n.Chr. Boleslaus I. läßt sich zum König krönen, stirbt aber noch im gleichen Jahr. Das Polnische Reich zerfällt in Teilfürstentümer.

1034 n.Chr. Mieszko II., Nachfolger Boleslaus I. stirbt. Es erhebt sich ein Aufstand gegen die piastische Herrscherdynastie und gegen das Christentum, der die Kirche in Schlesien fast völlig vernichtet.

1038 n.Chr. Der Einfall des böhmischen Herzogs Břetislav I. (1034–1055) in Polen und Schlesien ist Auslöser von böhmisch-polnischen Territorialstreitigkeiten, die sich jahrzehntelang hinziehen.

1109 n.Chr. Kaiser Heinrich V. unternimmt einen Schlesienfeldzug.

1137 n.Chr. Der Glatzer »Pfingstfriede« beendet die Auseinandersetzungen zwischen Polen und Böhmen.

1138 n.Chr. Nach dem Tod Boleslaus III. wird Polen geteilt: Sein ältester Sohn Wladislaus II. erhält den größten Teil des Reiches inklusive Schlesien und wird daraufhin von den anderen Teilfürsten ins Exil vertrieben.

1157 n.Chr. Polenfeldzug Friedrich Barbarossas, um Boleslaus IV. zur Heerfolge zu zwingen. In der Folge erhalten die beiden Söhne des ins Exil getriebenen Wladislaus II. Schlesien, das in Ober- und Niederschlesien geteilt wird.

1175 n.Chr. Die Gründung des Klosters Leubus mit deutschen Zisterziensermönchen ist Anstoß zur deutschen Besiedlung Schlesiens.

Seite 58/59: Im alten Glanz strahlen die vornehmsten Häuser des Breslauer Ringes auf der sogenannten »Sieben-Kurfürsten-Seite«. Dahinter erhebt sich die Elisabeth-Kirche.

1202 n.Chr. Herzog Heinrich I. von Schlesien muß Oppeln an Mieszko von Ratibor abtreten. Gründung des ersten schlesischen Frauenklosters in Trebnitz bei Breslau durch Hedwig von Andechs-Meran (1267 Heiligsprechung; Schutzpatronin Schlesiens). Systematisch werden in der Folge deutsche Siedler ins Land geholt.

1211 n.Chr. Gründung der Stadt Goldberg nach deutschem Recht. Unter der Herrschaft Heinrich I. vergrößert sich der schlesische Einflußbereich beträchtlich.

1238 n.Chr. Tod Heinrichs I. Sein Nachfolger wird Heinrich II.

1241 n.Chr. Schlacht in Wahlstatt bei Liegnitz. Im Kampf gegen die mongolischen Reiterhorden fällt Heinrich II. Trotz ihres Sieges ziehen sich die Mongolen jedoch zurück. Nach dem Tod Heinrichs II. zerfällt Schlesien in Kleinfürstentümer.

1266–1290 n.Chr. Regierungszeit Heinrichs IV. Er entwickelt sich zu einer starken Herrscherpersönlichkeit und kann die schlesischen Teilfürstentümer wieder vereinen. Blütezeit von Kunst und Architektur.

1290 n.Chr. Nach dem Tod Heinrichs IV. zerfällt Schlesien erneut.

1320 n.Chr. Polen errichtet ein neues Königreich.

ab 1327 n.Chr. Die schlesischen Piastenfürsten treten nach und nach ihre Fürstentümer an Johann von Böhmen ab.

1335 n.Chr. Im Vertrag von Trentschin verzichtet König Kasimir III. auf jeglichen Anspruch von Seiten Polens auf schlesisches Gebiet.

1342 n.Chr. Die schlesischen Fürsten huldigen Karl IV., der 1346 deutscher König wird.

1347 n.Chr. Gründung der Universität Prag.

1355 n.Chr. Karl IV. wird römisch-deutscher Kaiser.

1378 n.Chr. Nach dem Tod Karls IV. erbt sein Sohn Wenzel Böhmen, Schlesien, Bautzen sowie die westliche Niederlausitz. Wenzel begünstigt und fördert den tschechischen Bevölkerungsteil in seinem Herrschaftsgebiet.

1400 n.Chr. Wenzel wird als »der Faule« in seiner Funktion als deutscher König für abgesetzt erklärt.

1409 n.Chr. Das Kuttenberger Dekret veranlaßt einen Massenexodus deutscher Professoren und Studenten von der Universität Prag nach Leipzig; Gründung der dortigen Hochschule.

1415 n.Chr. Der tschechische Vorreformator Johannes Hus wird als Ketzer hingerichtet. Daraufhin kommt es zu einem Aufstand in Prag.

1420 n.Chr. Sigismund, Nachfolger Wenzels, beruft einen Reichstag nach Breslau ein. Krönung von Sigismund zum König von Böhmen in Prag.

1425–1435 n.Chr. Die Hussitenstürme verwüsten große Teile Schlesiens.

1437 n.Chr. Nach dem Tod König Sigismunds kommt es zu Auseinandersetzungen um die böhmische Krone mit den polnischen Jagiellonen.

1468/1469 n.Chr. Matthias Corvinus, König von Ungarn, besetzt Schlesien, Mähren und die Lausitz.

1474 n.Chr. Für ganz Schlesien richtet Matthias Corvinus einen Generallandtag ein. Nieder- und Oberschlesien erhalten jeweils Fürstentage.

1490 n.Chr. Nach Matthias Corvinus wird Wladislaus König von Ungarn und Böhmen.

ab 1520 n.Chr. Einzug der Reformation in Schlesien.

1526 n.Chr. Mit der Wahl Ferdinands von Österreich zum König von Böhmen beginnt die Habsburger Zeit Schlesiens. Unter ihm blüht die Wirtschaft des Landes auf.

1564 n.Chr. Unter Maximilian II., Nachfolger Ferdinands I., entwickelt sich Schlesien zu einem der reichsten Habsburger Länder.

1576 n.Chr. Rudolf II. tritt die Regierung an. Zunächst Versuch einer Gegenreformation, doch 1609 werden schließlich beide Bekenntnisse für gleichberechtigt erklärt.

1611 n.Chr. Schlesien erhält eine eigene Kanzlei in Prag.

1617 n.Chr. Ferdinand von Steiermark führt mit großer Härte die Gegenreformation durch. Es kommt zu Aufständen des böhmischen Adels und der Schlesier.

1618 n.Chr. Der Prager Fenstersturz löst den Dreißigjährigen Krieg aus (1618–1648). Schlesien stellt sich zunächst auf die Seite Friedrichs von der Pfalz, erkennt aber nach dessen Niederlage 1620 Ferdinand II. als rechtmäßigen Herrscher an. Konsequente Durchführung der Gegenreformation und Rekatholisierung des Landes lösen einen Flüchtlingsstrom schlesischer Protestanten aus.

1648 n.Chr. Westfälischer Friede. Liegnitz, Brieg, Oels und die Stadt Breslau bleiben protestantisch. Bau von Friedenskirchen.

1648–1707 n.Chr. Kulturelle Blütezeit insbesondere in der barocken Baukunst. Die verstärkt durchgeführten Gegenreformationen führen jedoch zu einer erneuten Auswanderungswelle.

1675 n.Chr. Mit Georg Wilhelm stirbt der letzte Piastenfürst. Friedrich Wilhelm von Brandenburg erhebt Anspruch auf Schlesien.

1707 n.Chr. In der Altranstädter Konvention wird schließlich der Religionsfriede wiederhergestellt. Stiftung von Gnadenkirchen.

1711–1740 n.Chr. Regierungszeit Karls VI.

1740 n.Chr. Friedrich II. wird König von Preußen und erhebt Anspruch auf große Teile Schlesiens. Preußische Truppen marschieren in Schlesien ein.

1740–1742 n.Chr. Erster Schlesischer Krieg.

1744/1745 n.Chr. Zweiter Schlesischer Krieg.

1756–1763 n.Chr. Dritter Schlesischer Krieg (Siebenjähriger Krieg). Der größte Teil Schlesiens wird preußische Provinz. Unter preußischer Herrschaft werden Landwirtschaft und Bergbau gefördert und das Schulsystem verbessert. Beruhigung der Konfessionskonflikte.

1786 n.Chr. Friedrich der Große stirbt.

1786–1797 n.Chr. Friedrich Wilhelm II. ist König von Preußen.

1797–1840 n.Chr. Friedrich Wilhelm III.

1806 n.Chr. Napoleonische Truppen besiegen Preußen. Französische Bündnistruppen marschieren in Schlesien ein.

1807 n.Chr. Kapitulation Breslaus.

1813 n.Chr. Von Schlesien ausgehende Befreiungsbewegung führt schließlich zum Aufstand Preußens gegen die Besatzer. Schlesien wird neu gegliedert und erhält einen Teil der sächsischen Lausitz.

1814/1815 n.Chr. Wiener Kongreß.

1844 n.Chr. Zeit der Industrialisierung, Entwicklung des oberschlesischen Industriereviers. Die große wirtschaftliche Not treibt die schlesischen Weber in einen Aufstand.

1848 n.Chr. Bauernaufstände in Schlesien

1849 n.Chr. Die Ablehnung Friedrich Wilhelms IV., deutscher Kaiser zu werden, führt zum Maiaufstand.

Seite 62/63: Die Aula Leopoldina, Festsaal der Breslauer Universität, wurde nach ihrem Stifter benannt und bildet mit ihren Plastiken und der Malerei ein kostbares Gesamtkunstwerk barocker Innenarchitektur.

1866 n.Chr. Preußisch-Österreichischer Krieg.

1870/1871 n.Chr. Deutsch-Französischer Krieg.

1914–1918 n.Chr. Erster Weltkrieg.

1919/1920 n.Chr. Vertrag von Versailles. Teile der niederschlesischen Kreise Guhrau, Militsch, Groß Wartenburg und Namslau gehen ohne vorherige Volksbefragung an Polen. Das Hultschiner Ländchen wird der neugegründeten Tschechoslowakei zugeschlagen. Das Teschener Gebiet wird zwischen Polen und der Tschechoslowakei aufgeteilt. Für Oberschlesien wird eine Volksabstimmung beschlossen.

1921 n.Chr. In der Abstimmung vom 20. März 1921 stimmen 60 Prozent der Oberschlesier für den Verbleib bei Deutschland. Es kommt zum insgesamt dritten polnischen Aufstand, der auf dem Annaberg von oberschlesischen Freiwilligen niedergeschlagen wird.

1922 n.Chr. Mit dem Beschluß der Genfer Konvention wird Oberschlesien geteilt. Der wirtschaftlich bedeutsamere Teil fällt Polen zu.

1933 n.Chr. Machtergreifung Adolf Hitlers in Deutschland.

1938 n.Chr. Nach Aufhebung der Genfer Konvention werden Ober- und Niederschlesien wieder vereinigt.

1939 n.Chr. Deutsche Truppen marschieren in Polen ein. Durch die Rückeroberung der abgetretenen Gebiete wird Schlesien vergrößert und verwaltungstechnisch in die Provinzen Ober- und Niederschlesien aufgeteilt. Beginn des Zweiten Weltkrieges (1939–1945).

1945 n.Chr. Nach dem Potsdamer Abkommen werden die deutschen Gebiete östlich von Oder und Görlitzer Neiße unter polnische beziehungsweise sowjetische Verwaltung gestellt. Schlesien steht damit unter polnischer Administration. Es kommt zu insgesamt drei großen Vertreibungswellen der Deutschen aus den polnisch verwalteten Gebieten, die mit hohen Verlusten verbunden sind.

1949 n.Chr. Gründung der beiden deutschen Staaten.

1950 n.Chr. Anerkennung der Oder-Neiße-Linie als polnische Westgrenze durch die damalige DDR.

1990 n.Chr. Wiedervereinigung der beiden deutschen Staaten. Das schlesische Gebiet westlich der Neiße gehört nun zum Bundesland Sachsen.

1991 n.Chr. Deutsch-Polnisches Vertragswerk wird unterzeichnet. Darin wird nun auch von Seiten der Bundesrepublik die Oder-Neiße-Linie als polnische Grenze offiziell anerkannt und freundschaftliche Zusammenarbeit zwischen beiden Ländern vereinbart.

HISTORISCHE REISE DURCH SCHLESIEN

AM ZOBTEN

Während des vierwöchigen Aufenthaltes in Gräfenberg hatte ich von der Welt wenig erfahren, still war es um mich und in mir geworden. Traurig fuhr ich nun zwischen den Waldwänden der Berge an den rauschenden Gebirgsbächen dahin, und es war mir ein rechter Trost, daß sich nirgends ein Ausweg ins offene Land zeigte. Hier, hinter diesen Bergen, in den hölzernen Hütten, unter Leuten, die das Wort Politik nicht kannten, hatte ich mich wohl gefühlt.

Aber mittags öffneten sich die Zugänge in die Ebene, der Bischofssitz Johannisberg erschien und bald hatten wir ihn erreicht! Das Wort Johannisberg duftet wie eine Blume. Wenn hier auch nicht das Rheinische war, hier war es auch sehr schön! Am Abhang des Gebirges liegt Johannisberg und sieht weit hinein in die lichte, schlesische Ebene. Still und sanft lächelnd schaut das Schloß des Bischofs auf das Städtchen herab. Ich denke mir stets eine solche Sommerresidenz eines hohen geistlichen Herrn mit großen, in Samttapeten ausgeschlagenen Zimmern und eingeweihten, verständigen Bedienten. Das Schloß liegt hoch, man sieht in das Land, doch niemand sieht in das Fenster. In einer Ecke der Zimmerreihe wohnt der Prälat in liebenswerter rötlicher Gesundheit, in der anderen seine lustige Kusine, die auch sehr gesund ist und zufrieden mit Essen und Trinken, kleinen Spaziergängen, Fahrten und Scherzen. In einem rottapezierten Gemache, etwa in der Mitte zwischen ihren Wohnungen, kommen die beiden zusammen zu heiterem Genusse der Gaben Gottes, der schönen Aussicht, der süßen Rebe, eines heiteren Verses und der anmutigen Wallungen des Menschenherzens.

Noch als der Mond heraufkam, trabten wir lustig fürbaß. Es war eine der schönsten Nächte, die über Schlesien geleuchtet haben mögen. Der Weg, dem wir wie alte Ritter auf gut Glück folgten, führte unter schlanken grünen Bäumen an einer Berglehne hin, Johanniswürmchen flogen wie kleine Sternenkinder in dem grünen Dunkel umher, wohin die Mondstrahlen nicht drangen. Als wir in eine Blöße kamen, sahen wir dicht unter uns das schlohweiße Kloster von Kamenz,

schön wie eine junge, blasse Nonne. Dahinter stieg schwarz das Hochgebirge auf, von weichen, fließenden Mondwölkchen umsäumt. Als sich wieder eine dünne Laubholzung dazwischendrängte, glänzte das Ganze wie ein blaugrüner Schimmer aus dem Geisterreiche einer Kinderfantasie.

In süßem Dämmern kam ich an das Tor von Frankenstein. Bald ging es auf neuen Wagen weiter auf einer glatten Chaussee, die über Reichenbach nach Schweidnitz führt. Der Frankensteiner Bezirk ist die üppige Weizenkammer Schlesiens. Das Getreide wogt auf den Feldern in strotzender Gesundheit, das Land ist offen, und das hohe Mensen- und Eulengebirge schaut schweigsam wie ein wohlwollender Großvater hinüber.

Man sieht hier das schöne Widerspiel des Oderstrichs. In derselben Richtung wie der Strom ziehen sich die Berge von der ungarischmährischen Grenze bis an die sächsische hinab. An der letzten Abdachung dieser Kette führte mein Weg während jener Nacht. Man kann hier auf den Gebirgskämmen bis in die Ebenen der Moldau hinabsteigen, auf der anderen Seite über das Riesengebirge, den Iserkamm und die sächsischen Berge nach Thüringen hinein bis in die äußersten Höhepunkte des Harzes und der Weserberge. Wenigstens von Ungarn aus bis tief nach Sachsen hinein hängen die Gebirge hier zusammen wie eine spaltlose eherne Rüstung.

Süß schaukelte ich in dem weichen Wagen angesichts dieses langen, undurchdringlichen Leibes. Im Mondschein sah ich die langen Dörfer am Fuße der Eule liegen, die einst die Füße des Gymnasiasten ermüdet hatten. Die Kapitale dieser ungeheuren Dörfer ist Langenbielau, ein Ort, so groß, daß verschiedene Dialekte darin gesprochen werden. Diesseits des Baches, der ihn durchschneidet, sagt man: »'s rehnt«, jenseits aber: »s' rahnt«. Vielleicht gibt es überhaupt kein Ländchen in Deutschland, wo der Dialekt so tausendfach modifiziert ist und wo man soviel Abwechslung und Dreistigkeit im Erfinden trifft wie in Schlesien. Dabei ist doch die Atmosphäre der Sprache in solchem Maße Allgemeinbesitz, daß sich alles versteht, ja, daß jeder den Sinn sol

Ohne Zweifel ist der St. Annaberg »Oberschlesiens Mitte«. Alljährlich wallfahren Hunderttausende von Menschen zu dem 410 Meter hohen Berg mit Kirche, Kloster und Kalvarie. In der von Franziskanern 1733–1749 errichteten Klosterkirche wird eine schlichte, aus Holz geschnitzte Figur der Heiligen Anna Selbdritt verehrt, die aus dem Ende des 15. Jahrhunderts stammt. Die erste Kapelle ist um 1516 datiert. Zwischen 1700 und 1709 wurden auf dem Kalvarienberg insgesamt 40 kleine Kapellen errichtet.

cher Worte, die im Augenblicke erfunden werden, alsbald begreift. Die neueste, unerwartetste, nie dagewesene Wendung eines Zustandes macht den Schlesier keinen Moment lang um einen Ausdruck verlegen. Er improvisiert eiligst ein ganz neues Wort, das niemand bisher vernommen, aber jeder Schlesier weiß auf der Stelle, was gemeint ist.

Als ich in Schweidnitz war, ging die Sonne tönend auf. Die Felder glitzerten im Morgentau, wie ein wohltuender Atemzug hob sich der Frühnebel von den Bergen, Lerchen stiegen in die Luft, Bauersleute zogen aus den Dörfern an die Arbeit. Ach, die Welt ist mir niemals schöner und reicher entgegengetreten. Tröstlich grüßte der dunkelblaue Zobten.

Die Breslauer Studenten halten alljährlich an seinem Fuße einen Kommers in toller Maskerade ab. Wie beim römischen Fasching ziehen sie zu Roß und Wagen im duftenden Juni aus, und Breslau staunt über ihre unpolizeilichen Gestalten. Viel Witz und Abwechslung wird da entwikkelt. Don Quichotte und Sancho Pansa treten leibhaftig auf wie in der Mancha, und das Vergnügen an zweckloser Torheit kommt vielleicht in unserem Vaterlande nie so heiter zum Vorschein als bei diesen Kommersen.

Man muß die Chaussee nach Schweidnitz an solchen Tagen gesehen haben. Der magere Beutel oder der Kredit der Musensöhne reicht bei den meisten nicht weiter als bis zum nächsten Dorfe. Von da schleichen sich nun die heterogensten Masken auf die Bauernwagen. Dirnen sitzen auf dem Leiterbaume, brennendrote Doktoren aus Sevilla gehen jungen Schrittes auf dem Fußwege, tragen ihre Perücken in der Hand und erquicken die Bäuerinnen auf der Wiese mit kräftigem Ungarweine aus ihren Medizinflaschen, Mars hat sich einen Bauernklepper gemietet, jodelt tirolerisch und bittet die zu Fuß einherschreitende Minerva, unter deren Göttergewande bedenklich irdische Pantalons zum Vorschein kommen, um etwas Schwamm. Der Besitzer des Gauls, der der Sicherheit wegen nebenher geht, trägt den unsterblichen Helm und die rote Tabaksblase des Mars.

So kamen wir Götter und Sterbliche abends nach Merschelwitz, wo die Wege nach Breslau, Schweidnitz und dem Zobten zusammentreffen. Da der bunte Schwarm von Hunderten kaum damit rechnen durfte, ein Nachtlager zu finden, wählte man den sicheren Ausweg, keines zu suchen. Die Nacht wird bei unsterblichem Spiel süß verschwärmt. Es sind natürlich weniger Saitenspiele noch Pfänderspiele, auch nicht Theateraufführungen gemeint, sondern das reizende Landsknecht und Pharao.

Es ist nicht zu sagen, in welch mannigfachen Dérangement, in welcher Verwirrung die Kostüme und Gestalten jener Nacht gesehen wurden. Mars ohne Mantel verlor seinen letzten Silbergroschen und versuchte seinen Kredit bei einigen schüchternen Erdensöhnen; Minerva, tief im Negligé, war dagegen noch voll Würde. Die Lustigen der Gesellschaft hatten alles verloren und verspotteten das Glück. Sie setzten sich zusammen, sangen und scherzten und fragten nebenher ganz in der Stille bei diesem und jenem an, ob er ihnen nicht mit ein paar Groschen aushelfen könne. War das geschehen und hatten sie erst wieder ein kleines *jeu* für Anfänge zusammen, dann schwieg die Laune, denn die Begier ist stumm. Im anderen Winkel des Hauses begann der unterbrochene Jubel bei denen, die genug ausgebeutet waren. Um alle aber schwebte der blaue Qualm, Anzüge und Effekten lagen in süßer Unbefangenheit durcheinander. Die Tische und Stühle waren Biertonnen. Hie und da lag unter der hölzernen Bank ein Mattgewordener, ein Abgefallener. Wüster Schlaf lähmte Miene und Glieder. So fand die Morgensonne das Wirtshaus von Merschelwitz, und ihre ersten Strahlen jagten alle zum Aufbruch empor. Übernächtig, aber von jugendlicher Kraft getragen, zog die Karawane von der Heerstraße ab direkt auf den Zobten zu, der majestätisch und immer größer aus dem Morgen hervortrat.

Heinrich Laube

SCHREIBERHAU

Als ich nach einigen Tagen auf einem holprigen Einspänner von Hirschberg nach Schreiberhau fuhr und mich in der Geografie zu belehren trachtete, indem ich den Kutscher nach dem Namen eines mir besonders auffallenden Berges fragte, da ward mir die Antwort: »Der hat keinen Namen, – hier hat's viele solche Berge.« Da er nun aber merkte, daß ihm so eine handgreifliche Lüge zur Bemäntelung seiner bodenlosen Unwissenheit nichts half, so schlug er eine andere Taktik ein, nannte auf fernere Fragen irgendeinen Namen, der ihm gerade einfiel, und brachte so das ganze Riesengebirge wie Kohl und Rüben durcheinander. Dazu ward sein sonderbares Pferd zuweilen von den Gedanken an eine glücklicher verlebte Jugend und kriegerischen Erinnerungen an seine fern entlegene Soldatenzeit übermannt und legte sich dann ohne allen ersichtlichen Grund mit scharfem Ruck in die Sielen, so daß wir beide rückwärts gegen die Lehnen geschleudert wurden. Alsbald aber gewannen wieder sanftere Gefühle in ihm die Oberhand; und dann schläferte es durch träumerisches Dahinländern meine Vorsicht ein, bis mich ein neuer, ganz plötzlicher Vorwärtssprung wiederum in Schrecken versetzte. Ein so wahnsinniger alter Gaul ist mir sonst niemals vorgekommen.

In Schreiberhau fand ich noch keinen meiner Reisegefährten vor und hatte einige Tage Gelegenheit, mich dem Studium dieses merkwürdigen Dorfes zu widmen. Schreiberhau ist nach London der größte Ort in Europa, denn seine Länge beträgt 20,8 Kilometer, seine Breite 9,3. Berlin kann sich nicht entfernt mit ihm messen, denn schlägt man um diese Stadt einen Kreis von neun Kilometern Durchmesser, so sitzt man schon überall in den Vororten. In der Höhe übertrifft es das auf einen Präsentierteller gebaute Berlin noch bedeutender, denn das höchste Haus liegt mehr als tausend Meter über dem niedrigsten. Nur in der Einwohnerzahl ist Berlin Schreiberhau ein wenig überlegen, etwa um anderthalb Millionen, denn dieser Ort besitzt nur an viertausend. Schreiberhau erstreckt sich durch ungezählte Täler, von zahllosen Flüssen und Bächen ist es durchrauscht. Es umschließt Wälder und Einöden, Wiesen und Felder, und die Anzahl der Hügel und Felsen in seinem Bereiche kennt nur Gott allein. Du wanderst immer innerhalb dieses Dorfes durch die Einsamkeit des Waldes stundenlang, wo du nichts vernimmst als das Klopfen der Spechte und den Schrei eines Raubvogels, endlich taucht wieder ein einsames Gehöft vor dir auf. Du fragst: »Wo bin ich?« »In Schreiberhau!« ist die Antwort. Du willst mit Gewalt diesem endlosen Orte entrinnen und keuchst schwitzend weiter die Berge

hinan und dahin, wo die Fichten verkrüppeln und das wunderliche Krummholz sein zähes Zweiggeflecht ausbreitet. Dort auf der Hochgebirgswiese liegt eine Baude, bläulicher Rauch steigt aus ihrem Schornstein. Wenn du an dem gebräunten Holztische hinter deinem Eierkuchen und deinem Ungarwein sitzest, fragst du die freundliche Wirtin, zu welchem Orte diese Baude gehört. »Zu Schreiberhau!« antwortet sie gleichmütig. Dann wanderst du weiter auf die benachbarte Höhe, den Pferdekopf, um die Aussicht zu betrachten, und siehe da, sie besteht fast ausschließlich aus Schreiberhau. Alle diese Täler mit winzigen Häuschen punktiert bis in die dämmernde Ferne und alles, was auf dem gegenüberliegenden Iserkamm an Menschenwohnungen hervorschimmert, alles gehört zu Schreiberhau, denn dieser sonderbare Ort ist bis auf die Kämme zweier Hauptgebirge Deutschlands, des Iser- und des Riesengebirges, geklettert und füllt die Täler zwischen ihnen.

Da, wo sich die Häuser dieses weitschweifigen Dorfes am dichtesten scharen, liegt an der Chaussee Königs Hotel, in dessen Nähe ich mich einquartiert hatte. Von dort aus machte ich meine Entdeckungsreisen und fand bald wiederum bestätigt, daß Schlesien eines der billigsten Länder der Welt ist. An einem kleinen Materialwarenladen fand ich nämlich eine Inschrift, die mir schon mehrfach in der Gegend vorgekommen war. Sie lautete: »Echte Upmann, 5 Pfg. das Stück.« Ich glaube, sonst nirgendwo in der Welt wird einem Gelegenheit geboten, so köstliche und wertvolle Zigarren zu ähnlich geringem Preis zu erwerben. Die Scheu jedoch, den Verkäufer, der offenbar den hohen Wert seiner Ware gar nicht kannte, zu übervorteilen, hielt mich ab, mit ihm in Geschäftsverbindung zu treten.

Heinrich Seidel

Seite 70/71: Nächtliche Straßenszene in Königshütte. Die Stadt, wenige Kilometer südöstlich von Beuthen gelegen, zählt mit dem größten Hüttenwerk zu den wichtigsten Standorten im oberschlesischen Industriegebiet.

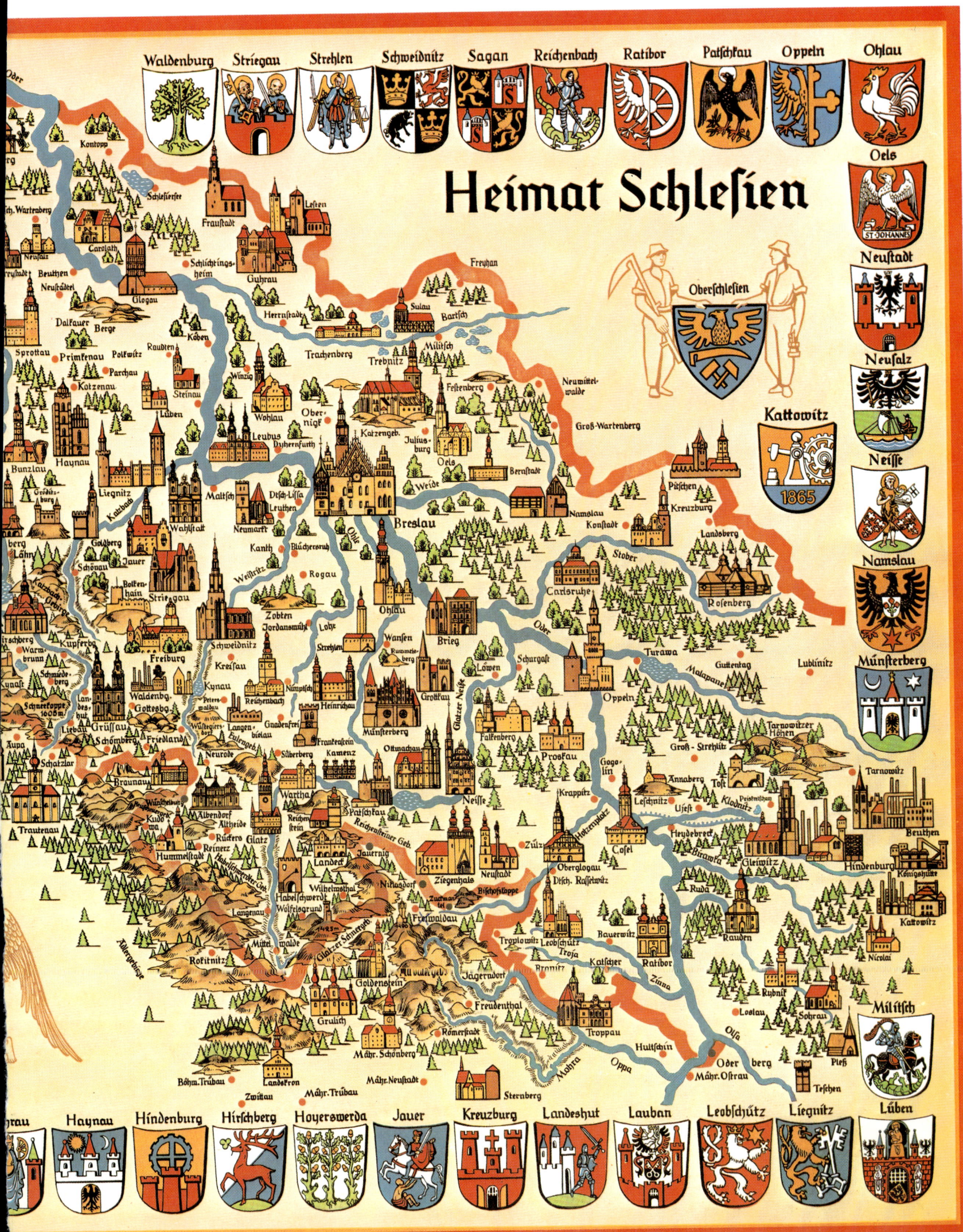

Heimat Schlesien